＼会社の状態が
ひとめでわかる！／

バランスシートは
箱型で
読みなさい

公認会計士・税理士
中村儀一

あさ出版

本書は２０１６年に刊行された
『３秒でバランスシートが読める本』の
改訂新版です。

はじめに

みなさんがある会社について知りたいと思った時、どうやってその企業のことを調べるでしょうか？

おそらくインターネットでその会社のホームページを見ることが多いのではないでしょうか。確かにホームページは会社のことを知るための最も手軽かつ有益な手段であり、そこから会社の大体のイメージをつかむことができます。

しかし、会社の勢いや実態を知りたいならば、もう少し踏み込んで「決算書」を見ることが必要不可欠です。

決算書は大きく「損益計算書」と「貸借対照表」の2種類に分けられます。損益計算書は、売上高から費用を差し引いて、会社が1年間に稼いだ利益を計算するものです。一方、貸借対照表は、会社の抱える資産や負債を一覧表にしたものです。

こうしたことは簿記や会計学を学んでいなくても、多くの人が知っていることだろうと思います。また、損益計算書は、とくに知識のない人でも読むことができるでしょう。なぜなら、「売上から費用・税金を差し引いて利益を示す」という損益計算書の形式は、常識的に理解できるものだからです。

しかし、これが貸借対照表となると、読める人の方が少なくなってしまいます。

驚くことに、事業を行っている経営者でも「損益計算書は読めるけれども、貸借対照表は読めない」という人が多いのです。

なぜでしょうか？

それは貸借対照表が非常に分かりにくいからです。簿記の教科書などでも貸借対照表の説明はややこしく、忍耐の末に何とか読み終えても、貸借対照表とは何なのか、何を意味している決算書なのか結局分からないまま終わってしまいます。

これは由々しき事態です。なぜなら貸借対照表こそが**会社にとって最も大事な〝お金〟に関する情報を示しており、その会社が本当に儲かっている会社なのか、成長している優良企業なのか明確に示す決算書**であるからです。

私は公認会計士として監査やコンサルティングの仕事をするなかで、貸借対照表を読みこなし、これを指針として経営を進めている会社ほど業績の良い優良企業が多く、銀行からも信頼されているのを目の当たりにしてきました。

逆に損益計算書だけで経営を行っている会社は常に資金繰りに苦しんでおり、銀行から見放されて、倒産するケースも少なからず見てきました。

事業経営者はもちろん、ビジネスに関わる方は、みんな貸借対照表を読めなければなりません。読めなければ確実に損をします。

そこで本書で紹介するのが**「箱型バランスシート」**です。

この箱型バランスシートを使えば、あらゆる貸借対照表は６つのパターンに集約されることが分かります。

そして箱型バランスシートの６つのパターンを理解すれば、３秒でその会社がどんな会社なのかが分かるようになります。

本書では、この６つのパターンにあてはまる会社がどのような会社であるかを解説したうえで、箱型バランスシートによる実際の企業の分析例を紹介していきます。

貸借対照表の重要性は分かっているけれども、読めない、良く理解できていないという経営者やビジネスマン、今簿記・会計を学んでいる方々、これから学ぼうと考えている方々は是非本書を活用してください。実践的な貸借対照表の読み方・使い方が学べるはずです。

公認会計士・税理士　中村儀一

第3章 箱型バランスシート 6つのタイプ

第4章 経営分析指標によるバランスシートの分類

第5章

実際の企業を箱型バランスシートで見てみよう

第1章

会社はお金がすべて

売上でも利益でもなく「お金」が大事！

会社の経営の状況を見るとき、いくつかモノサシになるものがあります。
例えば「売上」や「利益」。
「費用（コスト）」などもそうでしょう。

それでは、それらのなかで**会社にとって最も大切なものはなんでしょうか？**
「売上」でしょうか？　それとも「利益」でしょうか？

正解は**「お金」**です。

「売上も利益も同じお金じゃないか」と思う人も多いでしょうが、**売上や利益とお金は別物です。**

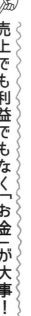

売上の数字は、その代金分のお金を受け取る権利を得たということを表しています。費用の数字は、その代金分のお金を支払う義務を負ったということを表しています。そして利益は、お金を受け取る権利である売上と、お金を支払う義務である費用の差額を表しているにすぎません。すなわち、**売上があっても利益があっても、それと同じだけのお金が現在会社にあるわけではない**のです。

多くの会社では、売上が発生した時点でお金が入ることはありません。費用が発生した時点でお金を支払うこともありません。お金が入ったり、出たりするタイミングにはズレがあるのです。

しかも、たいていのケースでは、支払いが先行します。いくら売上を上げても、そのお金が入る前に多額の支払いが必要になったら、お金が足りずに倒産してしまうことだってあるのです（黒字倒産・17ページ参照）。

逆に、売上が上がらず利益も出ずに、赤字の状態であっても、手元にお金が残っていれば会社は事業を続けられます。事業を続けることができれば、やがて売上が上がり利益が出て、赤字が解消される可能性もあります。

売上と利益がいつお金となるのか、そのお金を使って何をするのか、そのためには今のお金で足りるのか、足りなかったらどこからお金を持ってくるのか、自腹を切るのか、誰かから借りるのか。

こうした資金繰り計画を立てているかどうかが、その会社の成否を分けるポイントであり、会社の現状と未来はこうした「お金」の情報を調べれば見えてきます。

それでは、「お金」の情報はどこにあるのでしょうか？

ずばり**貸借対照表（バランスシート）**です。

会社の財務状況や業績を示す決算書には、損益計算書と貸借対照表（バランスシート）がありますが、損益計算書に比べて、この貸借対照表が注目されることはあまりありません。なぜでしょうか。実際に2つの決算書を見てみましょう。

お金が入るタイミングと出るタイミングのズレ

1 仕入等〈1月〉

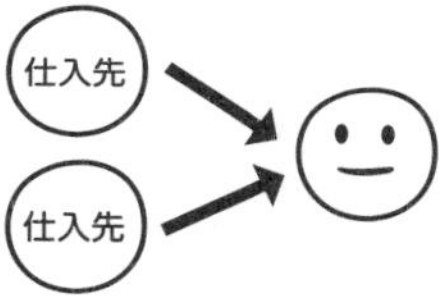

費用　100万円

※ただし、「お金」の
支払いは2カ月後

2 売上・利益の発生〈2月〉

売上　200万円
利益　100万円

※ただし、「お金」の
受け取りは2カ月後

3 支払い〈3月〉

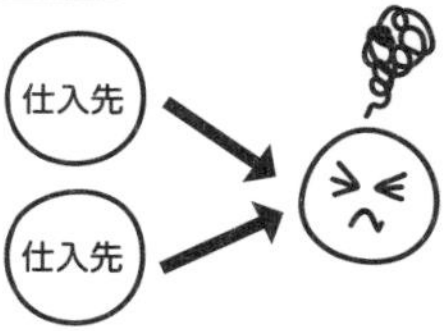

**売上・利益は
あるけど、
「お金」はない**

4 倒産…

分かりやすい損益計算書と分かりづらい貸借対照表

まず損益計算書は、誰にでも分かる以下の計算を表している決算書です。

収益 ー 費用 ＝ 利益

収益とは、売上はじめ、受取手数料・受取利息など受け取ることのできるお金のことです。

費用とは売上原価・経費・支払手数料・支払利息・税金など支払うべきお金のことです。

細かい説明はなくとも常識で理解できるものだと思います。

実際の損益計算書を見ると、いろいろな項目が書かれていて、一見ややこしいものですが、意味するところはこの算式の通りであって難しいものではありません。書か

分かりやすい損益計算書

損益計算書

自　20XX年4月1日　至　20XX年　3月31日

Ⅰ	売上高		505,668
Ⅱ	売上原価		280,062
	売上総利益		225,606
Ⅲ	販売費及び一般管理費		
	役員報酬	31,118	
	給与手当	38,897	
	賞与手当	19,448	
	法定福利費	19,448	
	福利厚生費	11,669	
	広告宣伝費	27,228	
	地代家賃	5,559	
	減価償却費	9,724	
	その他	33,338	196,429
	営業利益		29,177
Ⅳ	営業外収益		
	受取利息配当金	5,951	
	その他	3,811	9,762
Ⅴ	営業外費用		
	支払利息割引料	13,855	
	その他	10,385	24,240
	経常利益		14,699
Ⅵ	特別利益		
	固定資産売却益	497	
	その他	190	687
Ⅶ	特別損失		
	固定資産売却損	1,509	
	その他	307	1,816
	税引き前当期純利益		13,570
	法人税、住民税及び事業税		5,109
	当期純利益		8,461

れている項目の名称もたいていは常識で分かるものです。

このように損益計算書は、簿記や会計学を知らない一般の人にとっても分かりやすく読みやすい決算書であり、それが売上や利益を示していることが理解できます。

しかし、繰り返しますが、売上や利益はお金とは違うものです。損益計算書は売上や利益に関する情報を表していても、お金に関する情報はまったく表していません。損益計算書を見るだけでは、会社の重要な情報を見逃してしまうことになるのです。

それでは、貸借対照表を見てみましょう。

残念ながら、貸借対照表は損益計算書ほど簡単ではありません。パッと見て、それが右側と左側に分かれていることに気づきますが、知識がなければ、それらが何を意味するのか分からないでしょう。資産、負債、純資産という言葉にも戸惑うと思います。

貸借対照表とは何なのか？　会計の教科書では普通、次のように定義されています。

分かりづらい貸借対照表

貸借対照表

20XX年3月31日現在

【資産の部】		【負債の部】	
流動資産		**流動負債**	
現金及び預金	81,743	買掛金	79,857
売掛金	70,462	未払金	14,092
製品	58,718	未払法人税等	7,046
仕掛品	46,974	未払消費税	28,184
原材料	30,533	短期借入金	28,184
未収金	7,056	一年以内返済の長期借入金	14,092
前払費用	9,394	その他	7,046
短期貸付金	4,697	流動負債合計	178,501
その他	21,128	**固定負債**	
△貸倒引当金	△ 940	長期借入金	120,462
流動資産合計	329,765	社債	23,487
固定資産		長期未払金	9,394
有形固定資産		退職給付引当金	21,138
建物	82,205	その他	7,046
機械装置	115,088	固定負債合計	181,527
工具器具備品	42,277	負債合計	360,028
車両運搬具	14,092	【純資産の部】	
△減価償却累計額	△91,601	資本金	234,874
土地	105,693	資本準備金	11,743
有形固定資産合計	267,754	利益剰余金	
無形固定資産		利益準備金	9,394
特許権	7,046	当期未処分利益	49,121
ソフトウエア	23,487	利益剰余金合計	58,515
無形固定資産合計	30,533		
投資等			
保険積立金	16,441		
長期前払費用	9,394		
投資有価証券	10,569		
その他	704		
投資等合計	37,108		
固定資産合計	335,395	純資産合計	305,132
資産合計	665,160	**負債・純資産合計**	665,160

「決算日現在における会社の資金の**調達源泉**とその**運用形態**を表したもの」

確かにこの言葉は貸借対照表の本質を伝えていますが、これだけで貸借対照表が何を意味しているのか分かる人はほとんどいないでしょう。このように一般の人にとっては非常に分かりづらいがゆえに、貸借対照表はあまり読まれることがありません。

しかしながら、すでに述べたように貸借対照表こそが会社にとって最も重要なお金の情報を示しているのです。会社のことを本当に理解するためには貸借対照表を読まなければなりません。

そこで本書では、次章以降、この難解なバランスシートをすばやく読み解く方法を解説します。ポイントは、各項目の数字を個別に見るのではなく、左のように「箱に直して時系列で変化をつかむ」ことです。

その準備として次章では、貸借対照表の基本的な事項について説明します。

箱に直せば3秒で読める

貸借対照表

20XX年3月31日現在

【資産の部】		【負債の部】	
流動資産		**流動負債**	
現金及び預金	××,×××	買掛金	××,×××
売掛金	××,×××	未払金	××,×××
製品	××,×××	未払法人税等	×,×××
仕掛品	××,×××	未払消費税	××,×××
原材料	××,×××	短期借入金	××,×××
未収金	×,×××	一年以内返済の長期借入金	××,×××
前払費用	×,×××	その他	×,×××
短期貸付金	×,×××	流動負債合計	×××,×××
その他	××,×××	**固定負債**	
△貸倒引当金	△×××	長期借入金	×××,×××
流動資産合計	×××,×××	社債	××,×××
固定資産		長期未払金	×,×××
有形固定資産		退職給付引当金	××,×××
建物	××,×××	その他	×,×××
機械装置	×××,×××	固定負債合計	×××,×××
工具器具備品	××,×××	負債合計	×××,×××
車両運搬具	××,×××	【純資産の部】	
△減価償却累計額	△××,×××	資本金	×××,×××
土地	×××,×××	資本準備金	××,×××
有形固定資産合計	×××,×××	利益剰余金	
無形固定資産		利益準備金	×,×××
特許権	×,×××	当期未処分利益	××,×××
ソフトウエア	××,×××	利益剰余金合計	××,×××
無形固定資産合計	××,×××		
投資等			
保険積立金	××,×××		
長期前払費用	×,×××		
投資有価証券	××,×××		
その他	×××		
投資等合計	××,×××		
固定資産合計	×××,×××	純資産合計	×××,×××
資産合計	×××,×××	**負債・純資産合計**	×××,×××

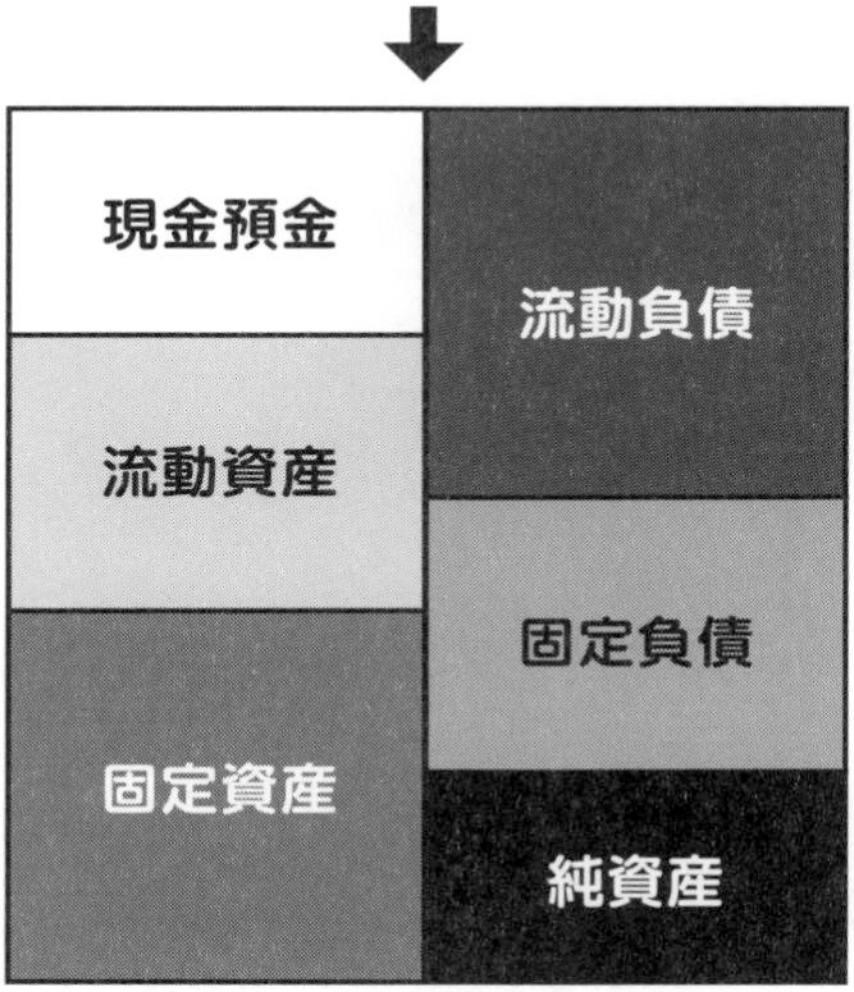

第1章のポイント

●会社にとって
一番大切なものは「お金」

●売上や利益とお金は別物で、
お金がなくなったら会社は倒産

●お金の情報は
貸借対照表（バランスシート）に詰まっている

●会社の実態をすばやく知るには
貸借対照表を数字ではなく、箱で見ること

第2章

貸借対照表とは何か

貸借対照表は純資産を表す

まずは貸借対照表が何を表しているのか、基本の算式を見てみましょう。

資産＝負債＋純資産

これが貸借対照表の基本算式です。資産、負債、純資産が何を示すのかについては、今は気にする必要はありません。この式の負債を移項すると、

資産－負債＝純資産

となります。

損益計算書の、

収益－費用＝利益

と似たような形をしています。

損益計算書は収益から費用を引いて利益を計算する決算書でしたが、**貸借対照表は資産から負債を引いて純資産を計算する決算書**なのです。利益が会社にとって重要な数字であるのと同じように、純資産も会社にとって重要なものなのです。

右側に負債と純資産、左側に資産

貸借対照表は右側と左側に分かれていて、右側を「貸方」、左側を「借方」と呼びます。ですが、簿記会計に慣れていないたいていの人は、貸方に借入金があり、借方に貸付金があることにとまどいます。これがこの表を分かりにくいものにさせている大きな原因のひとつです。しかし、貸借対照表を理解するうえで、実際のところ、左

貸借対照表の基本算式

左側		右側
資産	＝	負債 ＋ 純資産

右の呼び方は重要ではありません。わかりやすく右側・左側で説明を続けます。

貸借対照表がどのようなつくりになっているのか、ポイントを見ていきましょう。上の図は貸借対照表の基本算式がそのまま表になっています。貸借対照表の**右側には「負債」と「純資産」**とが示されており、**左側には「資産」**が示されています。

ここで右側の負債と純資産は、会社が事業を行うために必要な**お金をどこから集めてきたのかを表しています。つまり、「資金の調達源泉」**です。

一方、左側は**調達したお金をどのような形で今何に使っているか**を表しており、**「資金**

貸借対照表の意味

左側		右側
資産 ↓ 資金の運用形態 ↓ 集めたお金を今どう使っているか	＝	負債＋純資産 ↓ 資金の調達源泉 ↓ お金をどこから集めてきたか

の運用形態」を示しています。ここでいう「今」とは決算日現在のことです。

右側から負債または資本として入ってきたお金は、投資されて左側に示される色々な形の資産となります。その投資により得られたお金は借入金などの返済にあてられ、残ったお金は次の投資の原資として純資産となり、再び投資に回されます。こうした資金の調達と運用のサイクルの一時点（決算日）の姿を切り取ったものが貸借対照表であるといえます。

右側は資金の調達源泉＝負債＋純資産

「資金の調達源泉」を示す右側の項目として、まず**「純資産」**があります。純資産は「資本金」と「利益剰余金」に分けられます。「資本金」とは、株主つまり会社の持ち主が出資したお金です。「利益剰余金」とは、会社が過去に稼いだ利益の累計をいいます。

つまり、**「純資産」とは、会社が自分で出資したお金と稼いだお金**の合計です。

「資金の調達源泉」には、もうひとつ**「負債」**があります。「負債」はひとことでいうと**他人から借りたお金**です。銀行からの借入金は借りたということを理解しやすいと思いますが、買掛金や未払金は金融機関の借入金とは違うため、「借りた」という言葉に違和感を覚えるかもしれません。これは本来取引のあった日に支払うものを後で払うということで、借りていると考えるのです。

負債・純資産の意味

負　債	他人から借りたお金	→	必ず返さなくてはいけないお金
純資産	自分で出した・稼いだお金	→	返さなくてもいいお金

この「純資産」と「負債」ですが、同じ右側にあっても、大きな違いがあります。すでに述べたように、純資産は自分で出した・稼いだお金ですから**「返さなくてもいいお金」**です。それに対して、「負債」は他人から借りたお金ですから**「返さなくてはならないお金」**であるということです。

なお負債÷純資産を**レバレッジ比率**といいます。本来は自分の資金（自己資本）で行う事業を他の人の資金（他人資本）で行っている度合いを示します。他人資本を上手く使って事業を行うことは、企業財務の重要な課題のひとつです。負債が多いからといって、必ずしも会社の財務状況が悪いということではありません。

左側は資産＝投資

貸借対照表の左側には、「資産」があり、この「資産」は「資金の運用形態」を表していると述べました。

それではこの「資産」とは、具体的に何を指すのでしょうか？

会社は、より大きなお金を産むため、調達したお金を「投資」しますが、**この会社の「投資」**を表しているのが「資産」です。「資（お金）を産む」と書いて資産であり、投資とはまさに「お金を産む」ものです。

「現金及び預金」も今後の投資の原資であると考えて資産に含めます。現金及び預金以外の「投資」には、商品・製品、原材料はじめ、建物、機械、生産設備、貸付金や株式などの有価証券、その他があります。

投資とは、本来もっと多くのお金を得るために行うものですから、その資産を使ってその金額以上のお金を稼がなくてはなりません。

商品・製品・原材料は、元の金額（価額）以上の金額で販売された後、いったん売掛金となってから回収されます。また、建物や機械・設備は、それを使うことによって会社に何年にもわたってお金をもたらします。有価証券（株式など）も、配当を受け取ったり、売って利益を得たりするなどして将来会社にお金をもたらすものです。

資産は、決算日現在はお金以外の形になっていますが、**将来会社に元の金額以上のお金をもたらすもの**なのです。

資産は、本質的に「投資」であるので、そこにはなんらかのリスク（投資した金額以下のお金しか得られなくなる可能性）があります。

そうしたリスクが現実になってしまった場合（取引先の倒産で売掛金が入ってこなくなる、商品・製品が売れなくなる、機械設備がなんらかの原因で動かなくなるなど）、会計では資産の価値を減らすなど、「評価減」や「減損」といわれる処理が行われます。

このように現在持っている資産が、資産の価額以上のお金を会社にもたらすか否かを判断することを**資産の評価**といいます。資産価額以上のお金をもたらすものであれば、そのままの評価、そうでないならば評価を下げて、貸借対照表に表示する金額を引き下げなければなりません。

貸借対照表に示される資産の金額は将来入ってくると期待される最低限の金額です。この資産の評価がしっかり行われていないと、貸借対照表が信頼できないものになってしまいます。

ここまでの内容をまとめたのが次のページの表です。

それでは、ここから貸借対照表が計算して表そうとしている純資産とは何なのか考えてみましょう。

資産・負債・純資産の意味

資　産	現金及び預金 （お金そのもの）	今現在 会社にあるお金
	将来会社にお金をもたらすもの	将来会社に入ってくるお金
負　債	将来返さなくては ならないお金	将来会社から 出ていくお金
純資産	返さなくてもいいお金	？

上の表に基づいて、貸借対照表の算式（13ページ参照）を表してみます。

現在会社にあるお金＋将来会社に入ってくるお金
＝将来会社から出ていくお金＋純資産

そうすると、純資産は、次の算式で表せます。

純資産
＝現在会社にあるお金＋将来会社に入ってくるお金－将来会社から出ていくお金

現在会社にあるお金に、将来入ってくるお金を足して、将来出ていくお金を引いたら、それはいったい何を意味するのでしょう？

答えは**「将来会社に残るお金」**です。

純資産とは「将来会社に残るお金」なのです。

純資産が大きいということは、将来この会社に多くのお金が残り、そのお金を使ってさらにお金を稼ぐ可能性が高いことを意味します。すなわち、**純資産を多く持つ会社はお金を稼ぐ力がある**のです。

ある会社が、すごく立派で夢のある計画を掲げたとしても、純資産が小さく、その会社に将来お金がないと分かれば、誰もそれを信じることはないでしょう。会社が信頼を得るためにも純資産は重要なのです。

投資家は、その会社が今後もお金を稼いでいけるかどうかを見て、投資するかどうか判断します。銀行も、純資産が大きい会社ならば返済できると判断してお金を貸します。

損益計算書の利益も重要な数値には違いありませんが、それは過去の1期間の結果であって、会社の将来のパワーを計り知るものとはいえないのです。

1年以内なら流動、1年を超えるなら固定

資産は将来入ってくるお金、負債は将来出ていくお金であるならば、それがいつ入ってくるのか、いつ出ていくのか、というタイミングが非常に重要になります。収入がなく、手元にお金がないうちに支払期限がきてしまったらその会社は倒産しかねません（17ページ）。

そこで、貸借対照表では、**資産と負債をそのお金が入ってくるまでの期間、出ていくまでの期間によって、「流動」と「固定」に分類しています。**

流動と固定を分ける基準は、分かりやすく「1年」という期間を使います。

流動とは**「1年以内」**ということであり、「固定」とは**「1年を超える」**を意味します。

こうして資産は**「流動資産」**と**「固定資産」**に分けられ、負債は**「流動負債」**と**「固定負債」**に分けられます。

この短期・長期の区分はとても重要です。

1年以内に入ってくるお金と1年以内に出ていくお金を比べて、出ていくお金の方が多かったら、その会社は1年以内に資金ショートを起こして倒産しかねません。企業は資金繰り計画を立てて絶対にそうならないように努めます。つまり、これに失敗すると会社は倒産するわけです。

逆に、1年以内に入ってくるお金が1年以内に出ていくお金よりも大きければ、その企業はお金に余裕が生まれますので、新たな長期（お金が1年を超えて入ってくる）の投資に向けることができて、さらにお金を増やすことができます。この会社の倒産の危機は小さいといえます。

後ほど解説しますが、この1年以内に入ってくるお金＝流動資産と、1年以内に出ていくお金＝流動負債の比率（流動資産÷流動負債）は流動比率と呼ばれ、企業の財務状況を知る指標として最も重要なもののひとつとなっています。

貸借対照表の意味

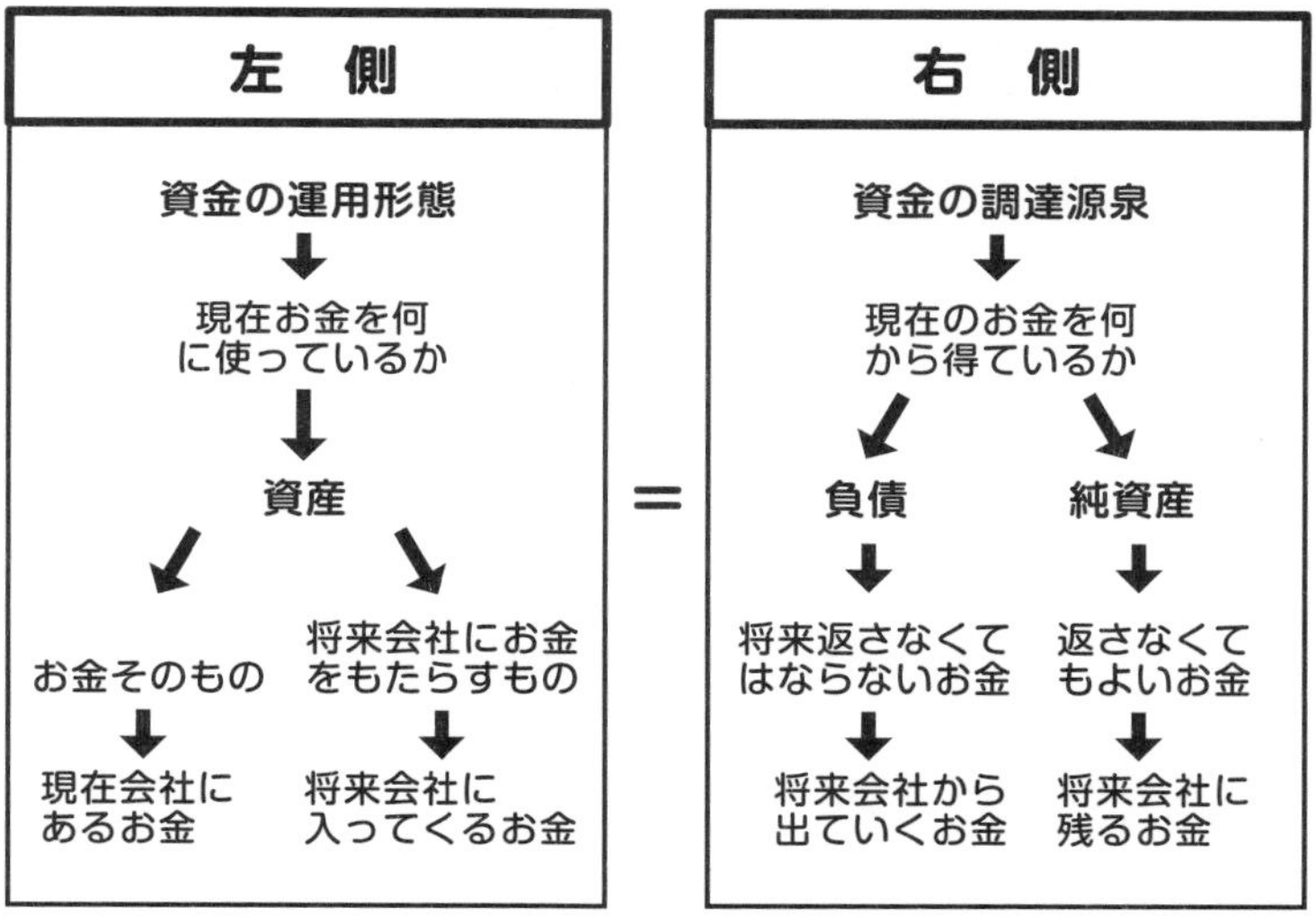
左　側
資金の運用形態
現在お金を何
に使っているか
資産
お金そのもの
現在会社に
あるお金
将来会社にお金
をもたらすもの
将来会社に
入ってくるお金
＝
右　側
資金の調達源泉
現在のお金を何
から得ているか
負債
将来返さなくて
はならないお金
将来会社から
出ていくお金
純資産
返さなくて
もよいお金
将来会社に
残るお金

箱型バランスシートとは

ここまで見てきたように、すべての**貸借対照表は、流動資産、固定資産、流動負債、固定負債、純資産の組み合わせ**であり、その組み合わせの状況を見ることで、その会社がどんな会社なのかを知ることができます。会計の規則では流動資産に含まれている「現金及び預金」は、資産となるものの原資という意味で他の資産と区分すれば、貸借対照表は、以下の６つのカテゴリーの組み合わせで表されます。

①　現金及び預金
②　（現金及び預金以外の）流動資産
③　固定資産
④　流動負債
⑤　固定負債
⑥　純資産

経理会計に慣れている人は、「そんなことは貸借対照表を見れば分かる、当たり前だ」と言われるかもしれません。

しかし、これらのカテゴリーの意味を正しく理解していないと貸借対照表は読めないうえ、この６つのカテゴリーの中身（売掛金や棚卸資産など）を数字でちまちまと書いても、細かすぎて全体の理解を妨げるばかりです。

そこで、こうした数字を思い切って捨てて、金額の大きさだけを図形で視覚的に表すことにします。

それが「箱型バランスシート」であり、「箱型バランスシート」とは、６つのカテゴリーをすべて長方形の箱で表して、その組み合わせで貸借対照表を図・グラフにしたものです。

先ほど例示した貸借対照表で箱型バランスシートをつくってみましょう。

まずはそのままの貸借対照表を見てください。

会計・経理に慣れている人ならば苦もなく読めるでしょうが、慣れていない人には目がチカチカすると思います。どこをどう見ればいいのか分からない……というのが正直な感想でしょう。

会計・経理に慣れている人でも、目を凝らして数字を追わなければならず、貸借対照表を理解するためには、それ相応の時間がかかります。数字だけを追ってその大小の関係を見ることのできる人はそうはいないと思います。

これを箱型バランスシートで表してみましょう。
まず貸借対照表を構成する６つのカテゴリーの金額を探します。

貸借対照表

20XX年3月31日現在

【資産の部】		【負債の部】	
流動資産		**流動負債**	
現金及び預金	81,743	買掛金	79,857
売掛金	70,462	未払金	14,092
製品	58,718	未払法人税等	7,046
仕掛品	46,974	未払消費税	28,184
原材料	30,533	短期借入金	28,184
未収金	7,056	一年以内返済の長期借入金	14,092
前払費用	9,394	その他	7,046
短期貸付金	4,697	流動負債合計	178,501
その他	21,128	**固定負債**	
△貸倒引当金	△940	長期借入金	120,462
流動資産合計	329,765	社債	23,487
固定資産		長期未払金	9,394
有形固定資産		退職給付引当金	21,138
建物	82,205	その他	7,046
機械装置	115,088	固定負債合計	181,527
工具器具備品	42,277	負債合計	360,028
車両運搬具	14,092	**【純資産の部】**	
△減価償却累計額	△91,601	資本金	234,874
土地	105,693	資本準備金	11,743
有形固定資産合計	267,754	利益剰余金	
無形固定資産		利益準備金	9,394
特許権	7,046	当期未処分利益	49,121
ソフトウエア	23,487	利益剰余金合計	58,515
無形固定資産合計	30,533		
投資等			
保険積立金	16,441		
長期前払費用	9,394		
投資有価証券	10,569		
その他	704		
投資等合計	37,108		
固定資産合計	335,395	純資産合計	305,132
資産合計	665,160	**負債・純資産合計**	665,160

現金及び預金＝８１，７４３
流動資産（現預金除く）＝３２９，７６５－８１，７４３＝２４８，０２２
固定資産＝３３５，３９５
流動負債＝１７８，５０１
固定負債＝１８１，５２７
純資産＝３０５，１３２

これらの金額を箱の高さで表して、左側には現金及び預金と資産、右側には負債と純資産を重ねれば箱型バランスシートの完成です。純資産がけっこう大きくて負債と同じぐらいある、流動負債と固定負債が同じぐらいあって流動資産と固定資産の割合も同じぐらいだ……などなど、箱に直したことで、６つのカテゴリーの大きさがひと目で分かり、この会社の特徴をつかむことができます。

しかし、これだけではまだ、この貸借対照表を持った会社がどんな会社であるかは分からないでしょう。

貸借対照表を箱に直す

貸借対照表

20XX年3月31日現在

【資産の部】		【負債の部】	
流動資産		**流動負債**	
現金及び預金	81,743	買掛金	79,857
売掛金	7,0462	未払金	14,092
製品	58,718	未払法人税等	7,046
仕掛品	46,974	未払消費税	28,184
原材料	30,533	短期借入金	28,184
未収金	7,056	一年以内返済の長期借入金	14,092
前払費用	9394	その他	7,046
短期貸付金	4,697	流動負債合計	178,501
その他	2,1128	**固定負債**	
△貸倒引当金	△ 940	長期借入金	120,462
流動資産合計	329,765	社債	23,487
固定資産		長期未払金	9,394
有形固定資産		退職給付引当金	21,138
建物	82,205	その他	7,046
機械装置	115,088	固定負債合計	181,527
工具器具備品	42,277	負債合計	360,028
車両運搬具	14,092	【純資産の部】	
△減価償却累計額	△91,601	資本金	234,874
土地	105,693	資本準備金	11,743
有形固定資産合計	267,754	利益剰余金	
無形固定資産		利益準備金	9,394
特許権	7,046	当期未処分利益	49,121
ソフトウエア	23,487	利益剰余金合計	58,515
無形固定資産合計	30,533		
投資等			
保険積立金	16,441		
長期前払費用	9,394		
投資有価証券	10,569		
その他	704		
投資等合計	37,108		
固定資産合計	335,395	純資産合計	305,132
資産合計	665,160	**負債・純資産合計**	665,160

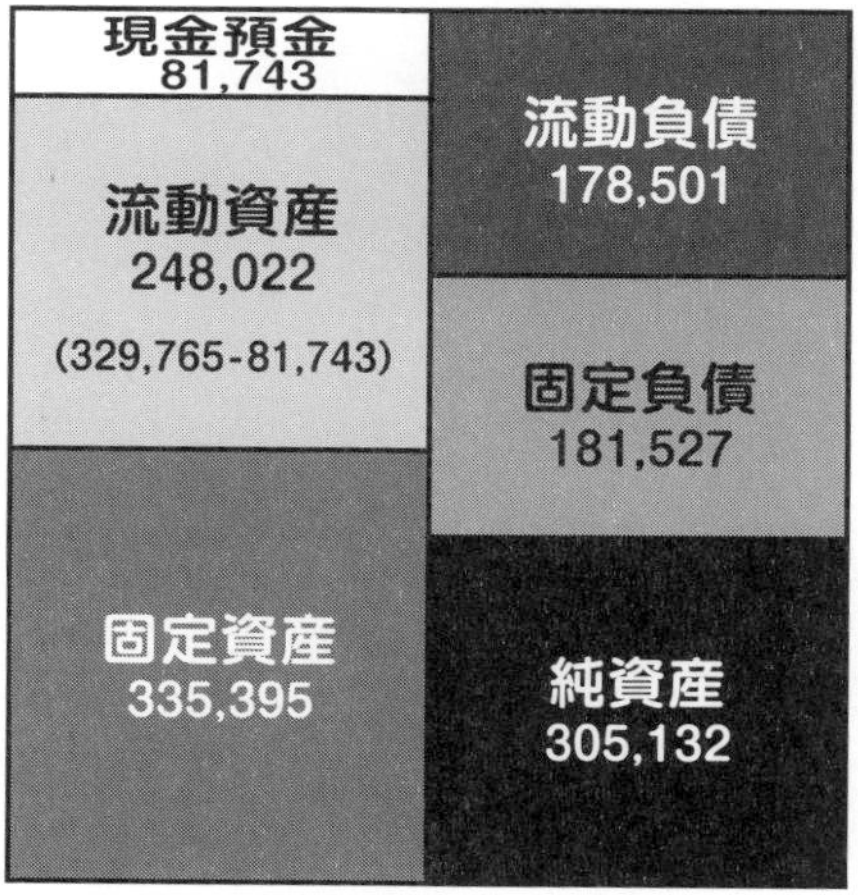

箱型バランスシートには、６つの構成要素による特徴的なパターンが６つあり、このタイプに当てはめることによって、その会社の経営状況を瞬時に把握することができるのです。

その貸借対照表のタイプとは次の６つのタイプです。

１ 債務超過
２ 自転車操業
３ 安定経営
４ 成長経営
５ お金持経営
６ 金満経営

それぞれのタイプの特徴を紹介しましょう。

詳しくは次章で説明しますが、この６つのタイプの特徴を覚えれば、貸借対照表をすぐに読み解くことができるようになります。

6つの箱型バランスシート

1 債務超過

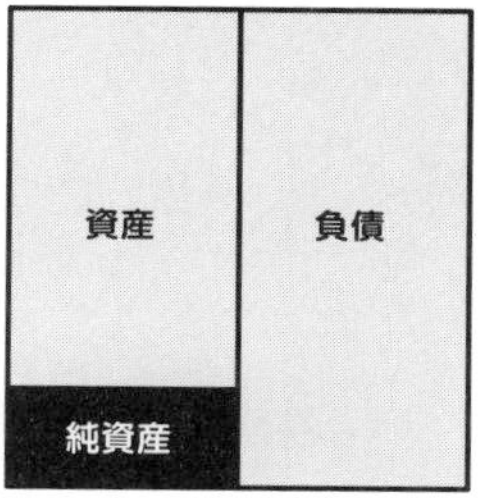

4 成長経営

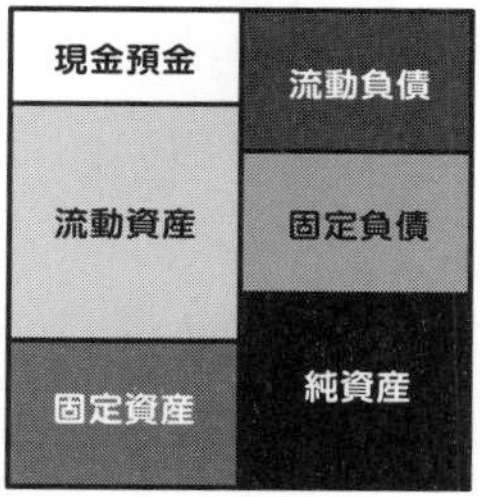

2 自転車操業

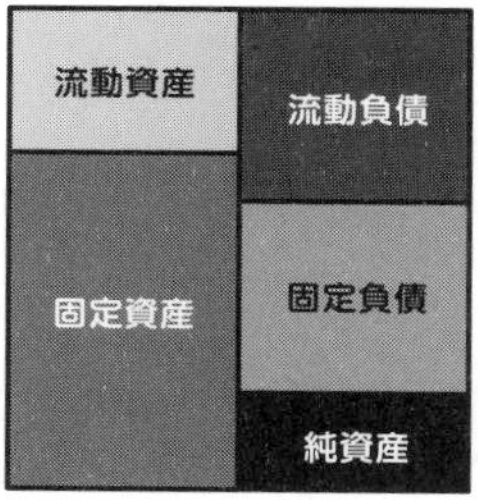

5 お金持経営

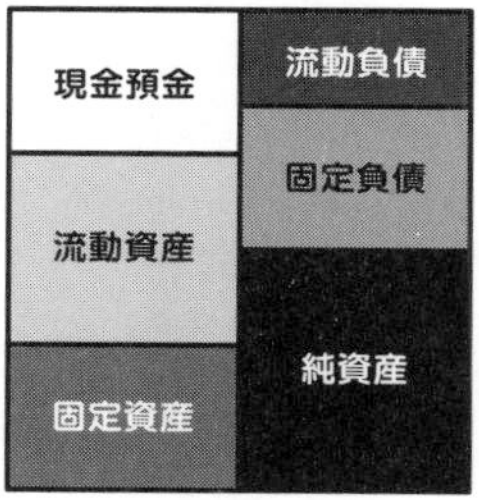

3 安定経営

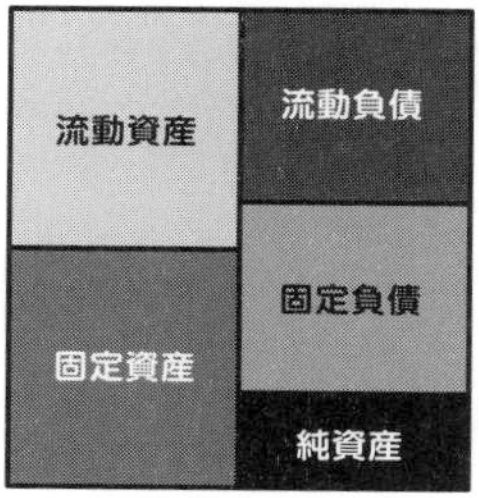

6 金満経営

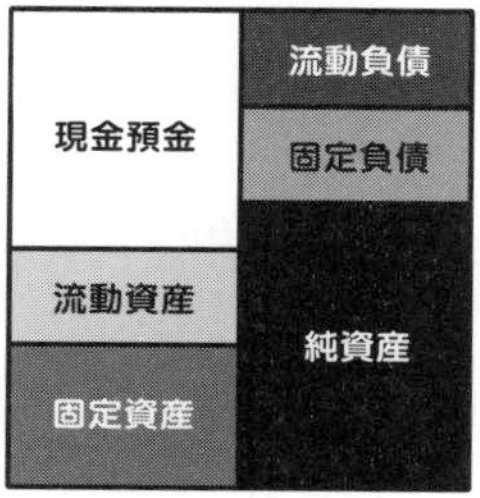

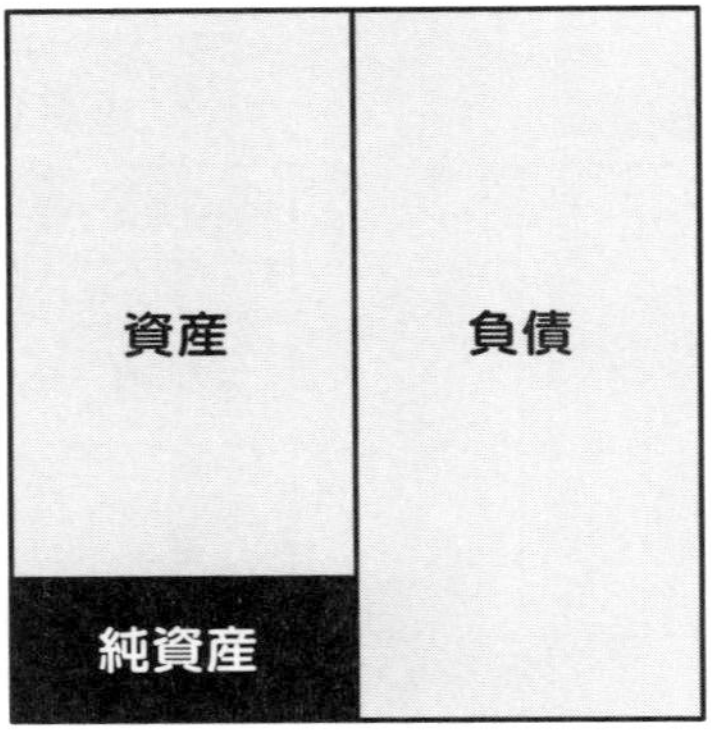

◆債務超過

～倒産寸前～

「債務超過」は、純資産がマイナスの貸借対照表です。純資産は本来プラスで、右側にあるものですが、債務超過ではマイナスであるため左側にあります。これが一番のポイントであり、そのほかの条件はありません。

この貸借対照表の会社は、純資産＝将来会社に残るお金がマイナスになる、つまり力尽きて倒産寸前という会社です。

◆自転車操業

～厳しい資金繰り～

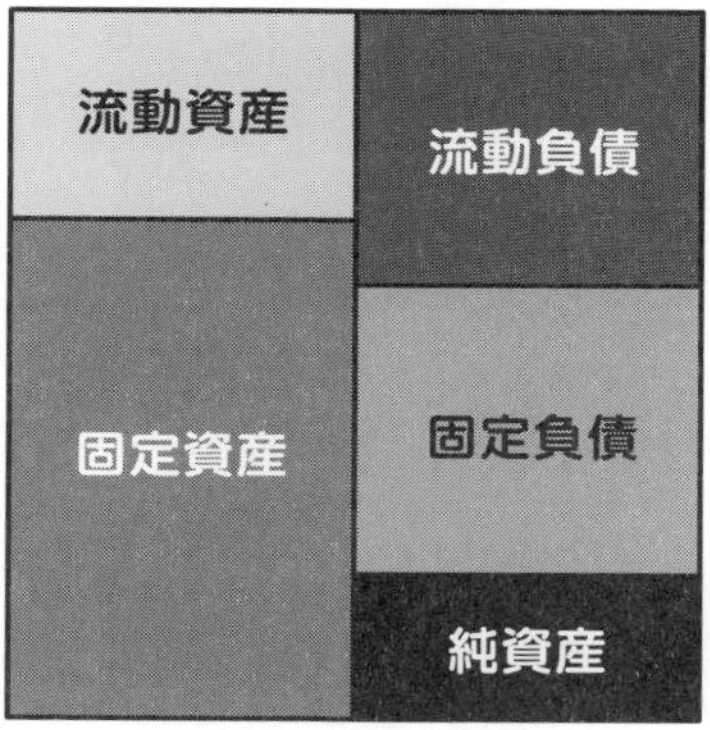

「自転車操業」は、純資産はプラスですが、流動資産が流動負債より小さく、短期の資金繰りが苦しい会社の貸借対照表です。

創業したてのベンチャー会社などに多いタイプであり、より大きな会社になるか、あるいはあっという間に倒産しかねない、両方の可能性を持つ会社といえます。

◆安定経営

～短期の資金繰りは余裕～

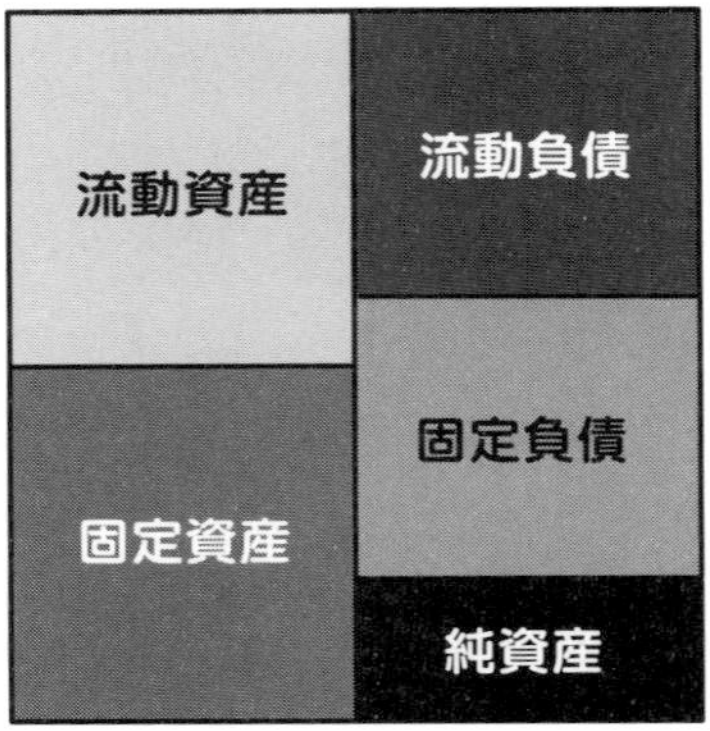

「安定経営」は、純資産はプラスであり、流動資産は流動負債よりも大きいですが、流動資産が負債合計より小さいタイプです。

短期の資金繰りは苦しくありませんが、長期負債の返済負担が重い会社であり、中小会社で終わるか、大会社に成長するかの境界線上にある会社です。

◆成長経営
～発展途上の優良企業～

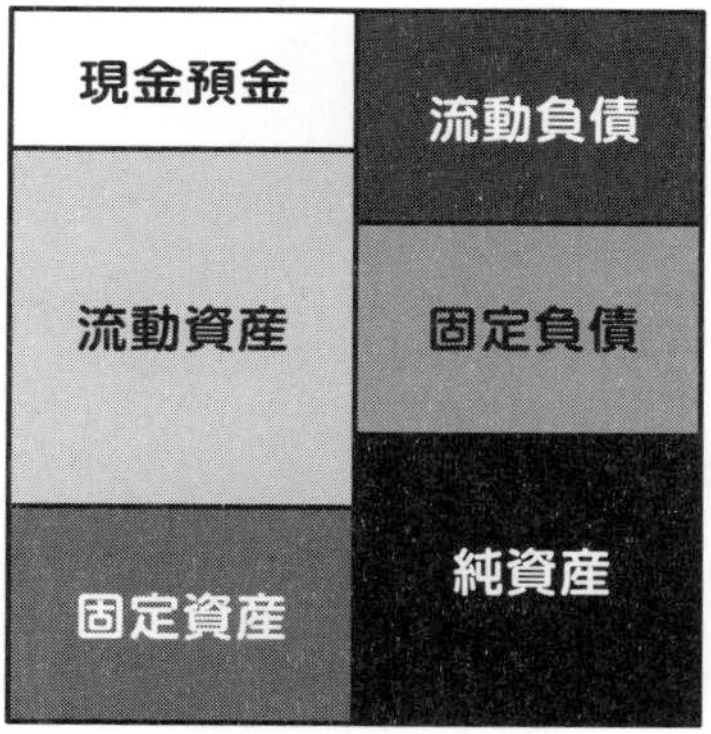

「成長経営」は、純資産はプラスで、流動資産が負債合計より大きいのですが、現金及び預金は流動負債よりも小さい貸借対照表です。お金は潤沢にありますが、現金及び預金はただ持っていても、そのままでは増えないので余計には持っていません。

大会社への道を歩み始めた発展途上にある優良会社に多く、投資も活発な会社の貸借対照表です。

◆お金持経営

～余裕のある大企業～

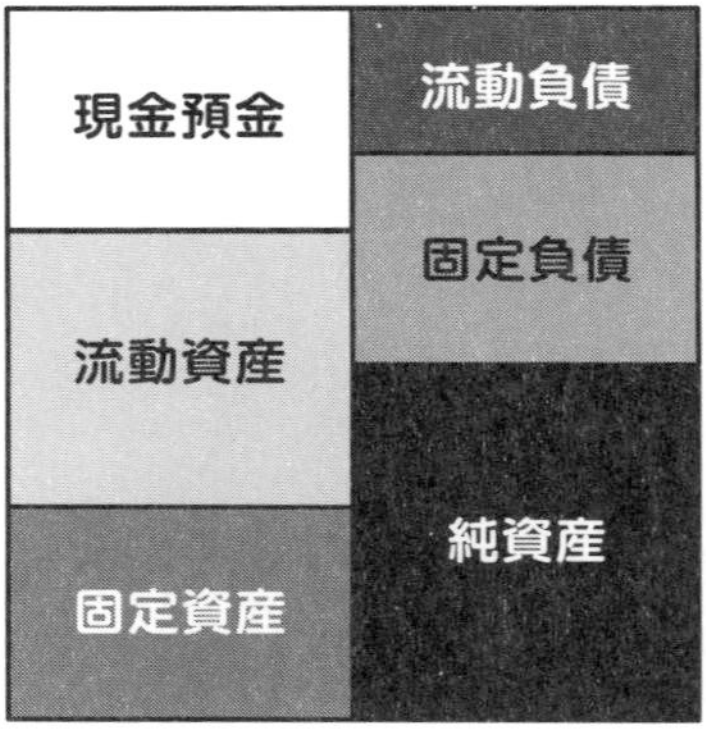

「お金持経営」は、純資産はプラスであり、現金及び預金を含めた流動資産が負債合計より大きく、さらに現金及び預金が流動負債より大きな貸借対照表です。お金がたくさんあって、かなり余裕があります。

ややマンネリ化・官僚化が進んだ会社でもありますが、会社として大きな力を持っています。

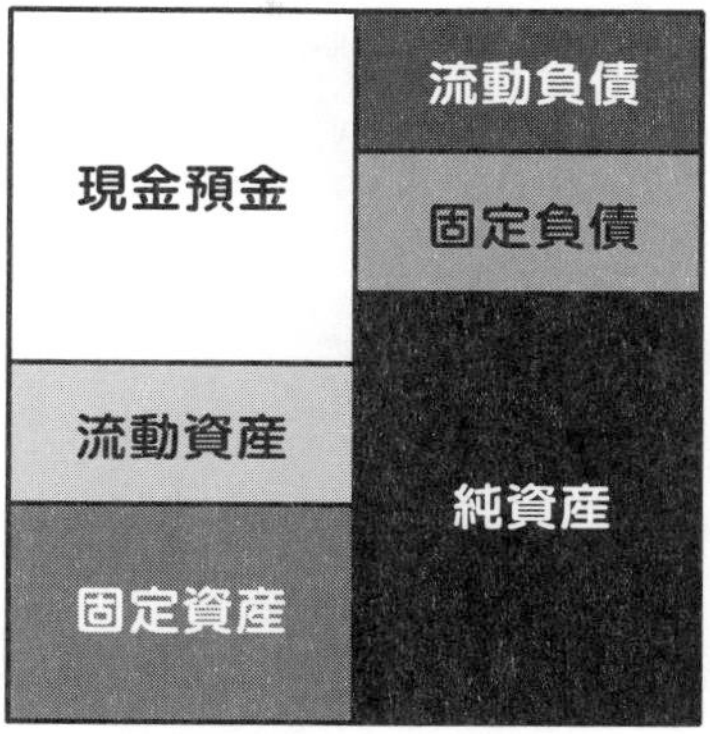

◆金満経営

～何があっても大丈夫～

「金満経営」は、純資産がプラスで、現金及び預金を含めた流動資産が負債合計より大きく、しかも現金及び預金が負債合計よりも大きなバランスシートです。投資もやり尽し、何もせずに放っておいてもお金が入ってくるような状況で、お金を潤沢に持っている会社です。

功成り名を遂げた老舗大会社に多いタイプです。ただし、「老害」に陥っている会社との指摘もあります。

箱型バランスシートを見ても、最初のうちはすぐそのバランスシートがにどのタイプに属するのか分からないかもしれません。ですが、慣れてくれば一瞬でその会社の貸借対照表のタイプがつかめます。

そして、次章以降を読めば、そのタイプの会社がどんな会社でどんな課題を抱えているかも一瞬で分かるようになります。

本当に儲かっているかは、時系列で変化を見なければ分からない

経営者は自分の会社が本当に儲かっているのかをいつも気にしていますが、会社が儲かっているか否かは、**その会社が「お金」を生み出し続けているかどうかです。**

貸借対照表のタイプでいえば、次の条件を満たすかどうかが、その会社が本当に儲かっているかの判定基準になります。

儲かっている会社の条件

●「成長経営」「お金持経営」「金満経営」の状態が続くこと
●純資産が長い期間にわたって増加していること（常に増加傾向にあること）

繰り返しますが、損益計算書ではこうした情報は分かりません。利益は簡単に変動し、本当に儲かってはいない会社でも時には利益を出すし、儲かっている会社でも損失を出すことはあり得るからです。儲かっている会社は、時に損失を出してもすぐに回復し、長期的に純資産が増加傾向にあります。逆に儲かっていない会社は利益が出てもすぐに損失を出して、長期的には純資産が減少していきます。

ですから、**貸借対照表をただ見るだけでなく、時系列に並べて比較**することも重要です。時系列を追って、会社の貸借対照表が自転車操業から安定経営になり、安定経営から成長経営になって、その後も純資産が増加していることがその会社が儲かっているかどうかを知る重要な視点となります。

こうしたことをひと目で判定できるのが箱型バランスシートなのです。

第2章のポイント

貸借対照表 は
右側に資金の調達源泉（流動負債、固定負債、純資産）、
左側に運用形態（現金及び預金、流動資産、固定資産）
を示す

貸借対照表 は、
①債務超過
②自転車操業
③安定経営
④成長経営
⑤お金持経営
⑥金満経営
の6つのタイプに分けられ、この順で成長していくことが重要

第3章

箱型バランスシート 6つのタイプ

1

債務超過

特徴　純資産がマイナス

問題　現実逃避

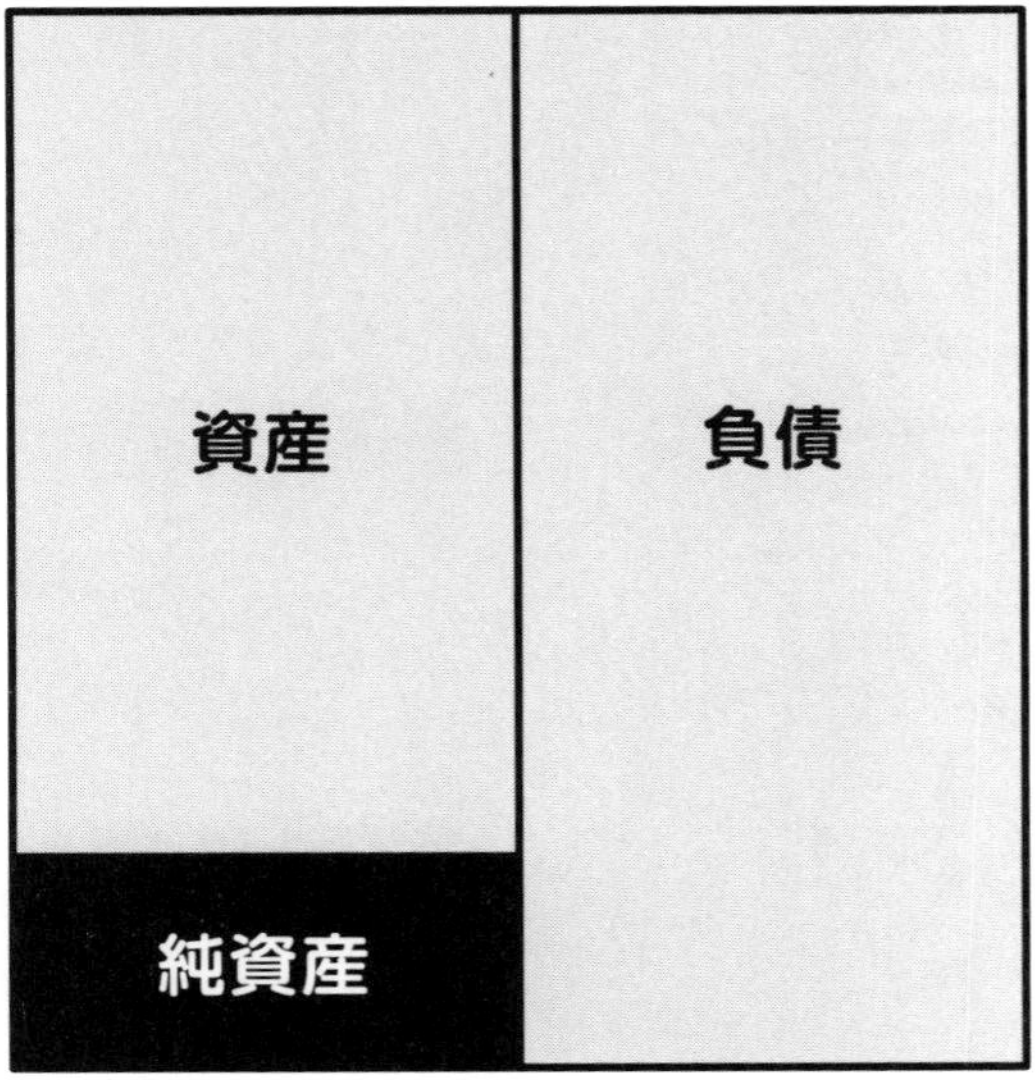

倒産寸前の会社

「債務超過」は、**資産全体よりも負債全体のほうが大きく**、資産から負債を引いた**純資産がマイナス**となっている会社です。バランスシートでは本来右側にあるはずの**純資産が左側**にあります。純資産は将来会社に残るお金を意味するので、この会社は将来手元にお金がなくなって倒産する可能性が非常に高いといえます。

では、なぜこの会社が倒産せずに持ちこたえているのか。それは、資産を売って借入金の返済にあてているか、社長が自腹を切って返済しているからにすぎません。

銀行からは〝経営破綻先〟と見なされ、会社が持つ資産をできる限り売ってお金に換え、銀行への返済と利払いにあてることを求められています。また、毎月の資金繰り計画とその実績、経営再建計画などの提出も要求されています。

社長や経理部長はまるで犯罪者のような扱いを受け、社員もぎりぎりのコストカットを強いられます。節約のため社内の電気は最低限のレベルにまで消されて薄暗く、コピーの使用も制限されています。交通費や事務用品費も思うように使えません。このような環境では、社員全体のモチベーションも当然上がりません。

最終的に、銀行の選んだ弁護士や公認会計士が現れて、会社分割をしたり、一部営業譲渡をしたりして、有無を言わさず会社をバラバラに解体してしまいます。経営責任を負う社長は、生きていくためのわずかなお金だけを与えられて辞任させられます。

倒産を免れて、会社がなんとか残ったとしても、銀行から新たにお金を借りることもままならないため、この会社を引き継ぐ人は相当な苦労をすることになるでしょう。

債務超過の会社の箱型バランスシートを時系列で見てみましょう。

この会社は、3期目までは資産売却益で、純資産のマイナスを減らしていましたが、4期目で力尽き、5期目で大きな損失を計上した結果、債務超過額が一気に拡大しています。手持ちのお金は底を尽き、負債を抱えて倒産です。

債務超過

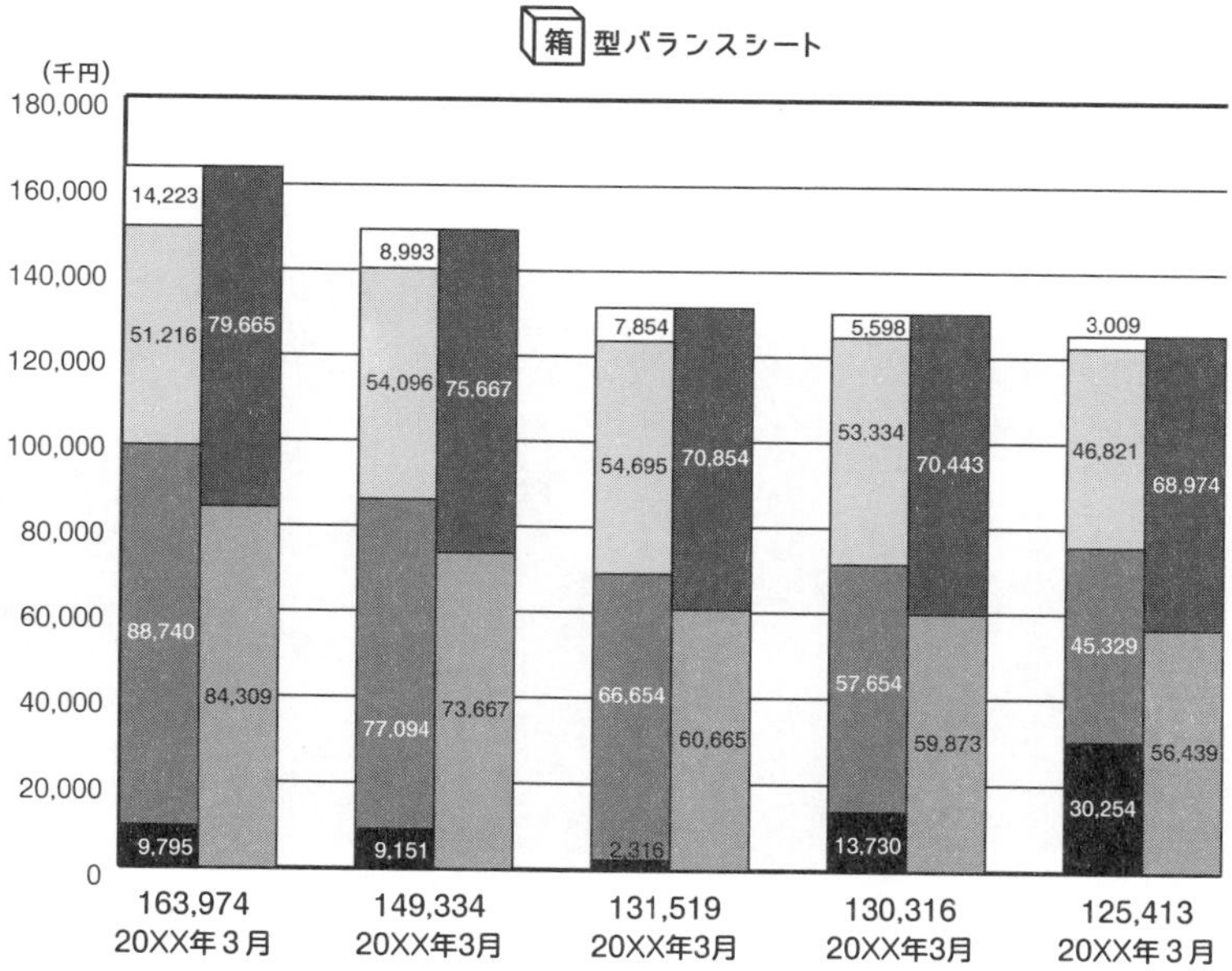

箱型バランスシート

（千円）

	163,974 20XX年3月	149,334 20XX年3月	131,519 20XX年3月	130,316 20XX年3月	125,413 20XX年3月
現金及び預金	14,223	8,993	7,854	5,598	3,009
（現金預金以外の）流動資産	51,216	54,096	54,695	53,334	46,821
固定資産	88,740	77,094	66,654	57,654	45,329
純資産	9,795	9,151	2,316	13,730	30,254
流動負債	79,665	75,667	70,854	70,443	68,974
固定負債	84,309	73,667	60,665	59,873	56,439

純資産のマイナスが拡大して倒産

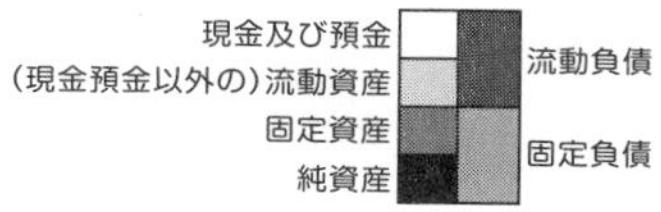

現金及び預金
（現金預金以外の）流動資産　　　　　　　　流動負債
固定資産
純資産　　　　　　　　　　　　固定負債

現実逃避が一番の問題

このように危機的状況にある債務超過の会社が立ち直るためには、まず「現実を見る」ことが必要です。現実を見なければ解決の糸口を見つけることはできないのです。

「現実を見る」ということは、貸借対照表を見るということです。**綿密な資金繰り計画を立て、実績を見て、そこに映し出される将来の会社の姿を受け止める**ということです。

ところが、債務超過になる会社は、会計がしっかり行われていないので、現実を見ることができません。会計はほとんど税理士任せで、決算は年1回しか行わず、月次決算などは行いません。手元にある現金預金の残高だけで経営を行っているような状況です。

いわば、社長が**「現実逃避」**をしているのです。

こうした状況を変えなければ、この会社は倒産を免れません。
私が銀行に頼まれて調査に入ったある会社は、架空売上を計上していたため、バランスシートを修正したところ、見かけは「安定経営」であったのが、実際は「債務超過」の会社であったことが分かりました。

この調査結果を銀行に報告すると伝えた瞬間、社長は「会社を潰す気か！　利益はちゃんと出ているのに何がいけないんだ！」と大声でわめき始めました。

確かに損益計算書を見れば、売上も増えているし、利益も上がっています。帳簿にも優良企業への売掛金が記録されています。

しかし、使える「お金」がないため、銀行への借入金の返済ができないのです。

その社長はいつも大きなことを語る人でした。「取引先は優良だし、業績はいいし、これからもどんどん稼ぐぞ」と誇らしげに語っており、大きな受注があったと言っては、それを売上に計上していました。

実際はそうした取引のほとんどが何の裏付けもなく、売上に計上してはならない架空売上だったのです。

調査報告の結果、この会社は銀行から人が入って、バラバラに解体されて倒産しました。この社長が現実を見て堅実な経営を行い、誠実で確実な会計を行っていれば、会社が潰れることはなかったのかもしれません。

一発逆転は無理

債務超過の会社が絶対にやってはならないことは、新規の事業開発や新製品開発などによって、起死回生の一発逆転満塁ホームランを図り、今までのマイナスを一気になくそうと考えることです。

ですが、新規の事業開発、新製品開発にいったいどれだけお金や時間がかかるのでしょうか？　倒産目前の会社に、そんなお金と時間が残されていると思いますか？　債務超過に陥った会社は、そういった当たり前の常識的な判断さえできなくなってしまうのです。

そして新規の事業開発や新製品開発に手を出すと、たいていこれが命取りになって、復活の道が絶たれてしまい、終焉を迎えます。私はこれまで何度もそういう例を見てきました。

2
自転車操業

特徴
純資産がプラス
流動資産＜流動負債

問題
高コスト体質
売上拡大至上主義

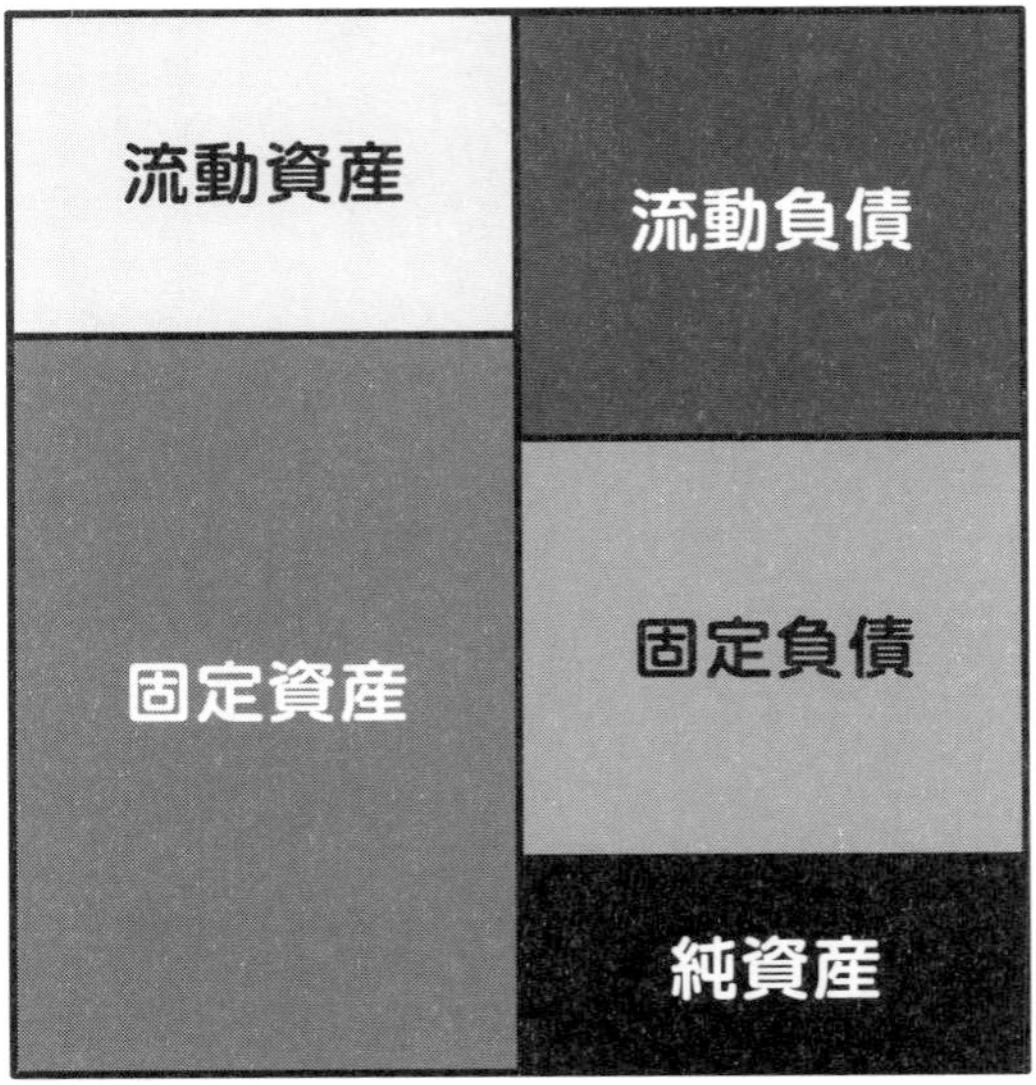

綱渡りの資金繰り

「自転車操業」の会社の貸借対照表は、債務超過の会社とは違って資産が負債より大きく、純資産はプラスですが、**流動資産よりも流動負債のほうが大きい**のが特徴です。

倒産寸前というわけではありませんが、会社に入ってきたお金をすぐに支払いに回さなくてはならないような資金繰りの厳しい会社であり、いつ倒れるか分からないので自転車操業と呼びます。

極端な場合、月末の午前中の入金をその日の午後の支払いに回さなくてはならないような会社であり、資金繰りに失敗すれば、あっという間に債務超過から倒産に至るリスクを抱えています。

このタイプの会社は、利益よりも売上を重視する会社であることが多く、売上を伸ばすためにそれ以上のコストをかけてしまう傾向があります。お金も利益も見ず、売上だけを見ている**売上至上主義、拡大至上主義**です。

売上を伸ばすと同時に、コスト管理もしっかり行っていれば会社は伸びていきますが、自転車操業の会社はコスト管理ができておらず、コストを減らすという発想がないので、どんどん高コスト体質になっていきます。

このような状況で売上が減少してしまうと、コストは高いままなので利益が一気に減少し、一層資金繰りが苦しくなるのです。

さらに、この自転車操業タイプの会社は**「拡大型」**と**「衰退型」**の二種類に分けることができます。

売上至上主義の拡大型自転車操業

「拡大型自転車操業」は、設立したばかりの若い会社に多く見られ、独自の新製品、新技術、新しいマーケティング手法などで顧客を増やし、売上をどんどん伸ばしている会社です。

勢いに乗って、売上をさらに伸ばすため、たくさん人を雇い、たくさん商品を仕入れ、施設設備にお金を注ぎ込んで製品をどんどん生産します。

事務所を拡大することも多く、とくに**固定費**が増えるのが特徴です。固定費とは売上の増減に関係なく、常に一定額発生するコストであり、事務所の家賃などが代表的ですが、なかでも最も大きいのが人件費です。売上が減ったからといって給与を払わないわけにはいかないからです。

この会社のタイプの社長は、売上の伸びがそうしたコストを吸収し、利益も上がると考えているため、売上以上にコストが増えていることに気づかないか、気づいていても無視してしまいます。債務超過の会社同様、**現実を見ていない**のです。会計管理のレベルも債務超過の会社とあまり変わりません。

拡大型自転車操業を箱型バランスシートの推移で表すと、71ページのようになります。

売上高の増加に伴って、売掛金や商品・製品の在庫、原材料などの流動資産がどんどん増えていきます。また、生産の拡大に備えた設備への先行投資により固定資産も増えていきますが、同時に負債もどんどん増えていきます。

しかし、純資産の額はほとんど変わっていません。よく考えずに設備投資や人員拡大を行い、経費を湯水のように使うので、売上が増えても利益が増えていないのです。売上の伸びが大きいため、銀行は将来性のある会社だと考えてお金を貸してくれるため、短期的には資金繰りに困ることはありません。

結果として、「お金がなくなったら借りればいい」という感覚に陥ってしまい、資金繰り計画のない成り行き任せの経営になりやすいのです。

売上の伸びはやがて止まります。その時に問題が噴出します。高コスト体質になっているため、利益が瞬時に消し飛んでしまうのです。

焦った社長は、なんとか経費を下げようと考え、唐突にコストカットの施策を始め

拡大型自転車操業

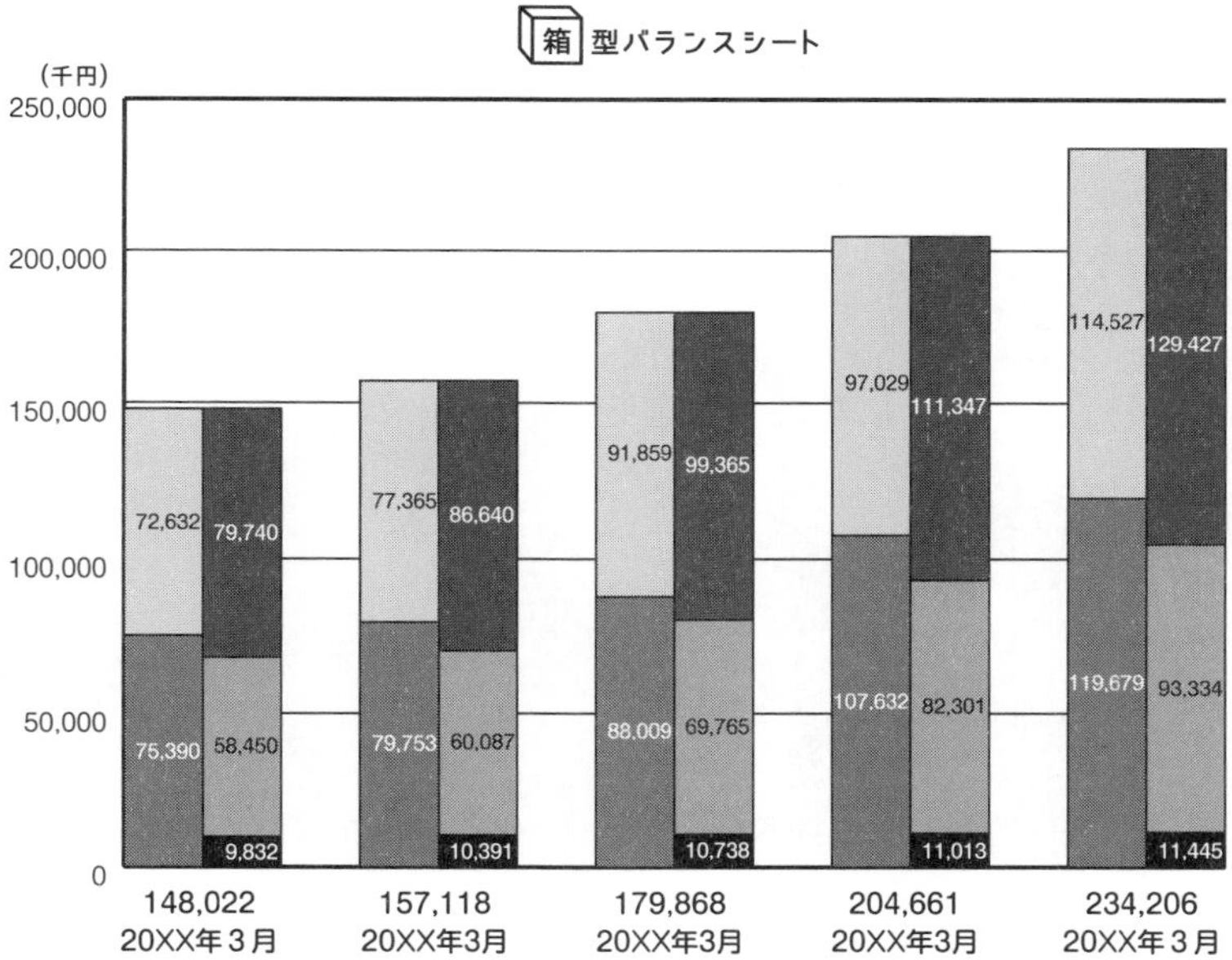

資産は増えても純資産は増加せず

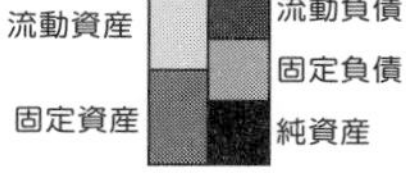

ます。電気を消す、コピーを制限する、交通費をケチる、文房具の使用を制限する……。当然社員のモチベーションは大きく下がります。

やがて社長は、コスト高の一番の原因が人件費であると気づき、人を雇うのを控えるようになります。さらには、給料の高い古参社員を辞めさせていきます。そしてこの頃になると、有能な社員は将来に不安を覚え、自ら会社を去っていくでしょう。優秀な人材であれば、再就職をすることはさほど難しくはありませんから、そういう人は早々とこの会社を見捨てます。

業績は持ち直すどころか、ますます悪化していく一方です。結果として、残った社員一人ひとりにいくつもの仕事が課せられ、過重な負担を強いられます。

このような状況が続けば、当然仕事の質は落ち始め、基本的なミスや考えられないような失態が頻発し、売上は持ち直すどころか、ますます減少していきます。

一転して借入金の返済に苦しむようになり、銀行は会社を要注意先と見なし始めます。売上・利益減少でお金が必要になりますが、もうこれまでのように簡単にはお金を貸してもらえません。

この会社は資金繰り計画など立てていないので、銀行に対して事業の計画や返済の計画を説明できるわけもなく、徹夜して場当たり的につくっても、銀行はすぐにそれを見抜いて相手にしてくれません。

こうして拡大型自転車操業の会社は、売上の伸びが止まり、その高コスト体質により利益が出なくなり、借入金の返済に苦しむ「衰退型自転車操業」のタイプに落ち込んでいくのです。

売上も伸びず落ちていくだけの衰退型自転車操業

衰退型自転車操業の会社は、売上拡大が止まり、コスト高だけが残ってしまった会社です。お金も借りられず、危なっかしい状態で細々と事業を続けることしかできません。

左ページの箱型バランスシートの動きをみてください。現預金がほぼゼロに近い状態が続いていています。現預金がないのは、それが返済にまわされるからです。流動資産より流動負債のほうが大きいまま、資金繰りに追われる日々が続きます。持っている資産を売り払うなどして、なんとか借入金を返済していきますが、利益は上がらずに、純資産は減っていきます。もう成長も進化もなく、少しずつ衰退している貸借対照表であることがわかります。

少しコスト削減をするものの、もともと意識が低いため、思うようにコストは減りません。社員を新たに雇うこともできず、あまり出来の良くない社員を使って仕事をこなすしかなくなります。

社長は営業に金策に飛び回り、ほとんど会社にいないようになります。その割に社内にはのんびりしたムードが広がり、本来は営業に飛び回っていなくてはならない社員がルーティン・ワークをこなしています。

このような状態になる前に経営者が**会社の高コスト体質を改善し、借入金の返済を先行して行う**ようにすれば、会社は安定に向かっていくことができるのですが、多くの場合、経営者のマインドが売上拡大に慣れてしまって、債務超過の会社と同じよう

衰退型自転車操業

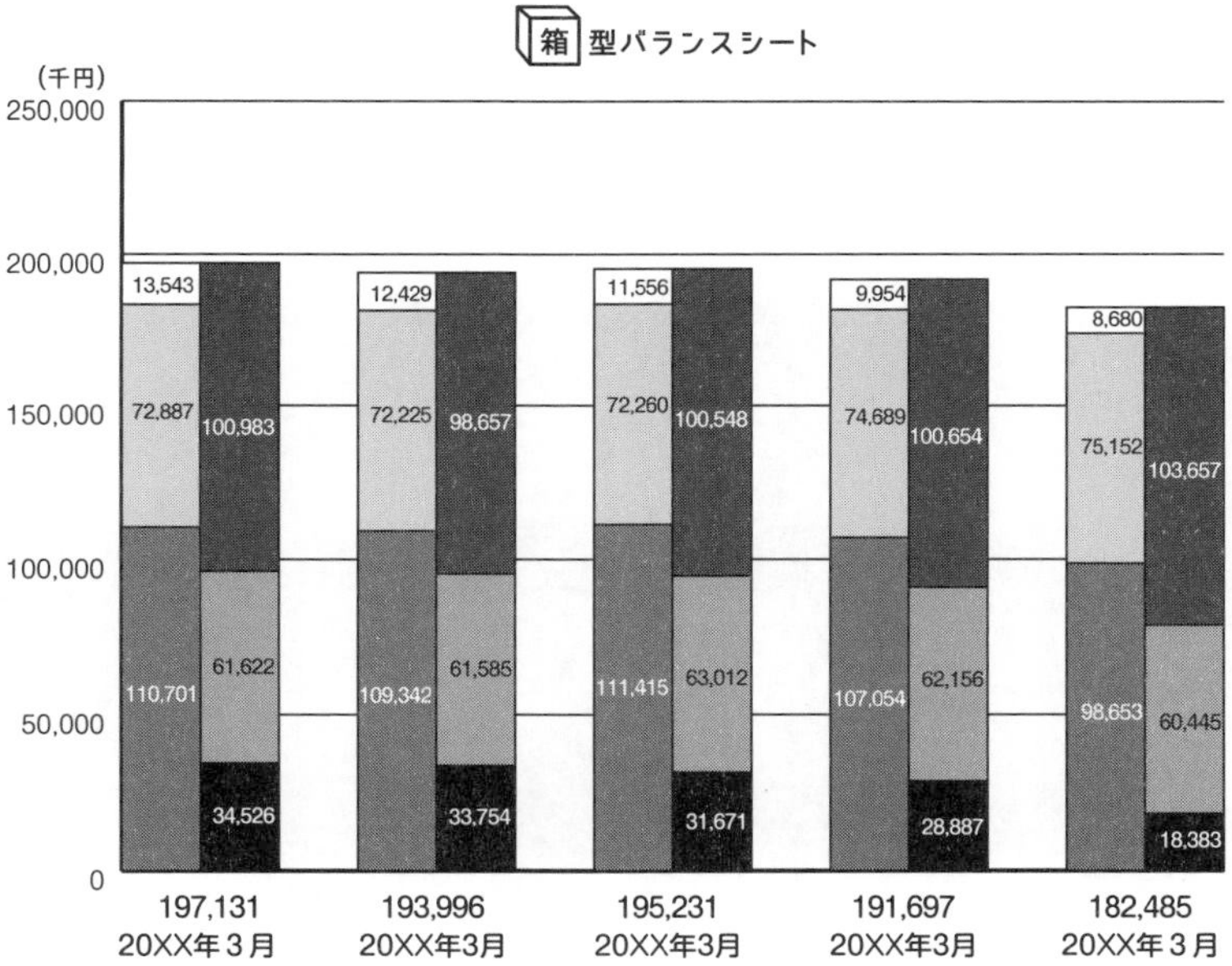

成長も進化もせず

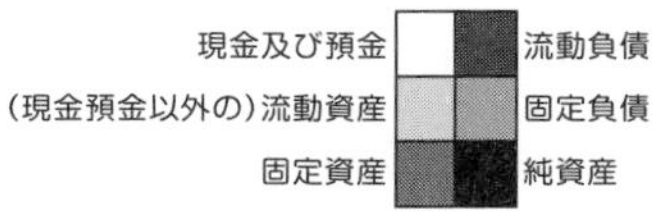

に起死回生の一発逆転満塁ホームランを狙ってしまうのです。そして債務超過の会社と同じ末路をたどります。

左の箱型バランスシートの推移は、自転車操業の会社が利益の拡大のために一発逆転満塁ホームランを狙ってやった新製品開発の設備投資が裏目に出て、一挙に債務超過に陥ったケースです。

会社は1・2期目に新製品開発のために大幅な設備投資を行っているため、固定資産が大きく増えています。しかし、流動資産がほとんど増えていないことから、空振りに終わったことが分かります。3期目は純資産が減っているので、損失が発生しています。新製品開発のために大きな費用が発生したのでしょう。短期借入金等の流動負債が増加し、自転車操業の度合いが高まり、翌4期目には大きな損失を出して、純資産がマイナスとなり、債務超過へと転落しています。5期目にはさらに損失を出して債務超過が増えています。多額の負債を抱え、もはや死に体同然といえるでしょう。

自転車操業から債務超過に転落

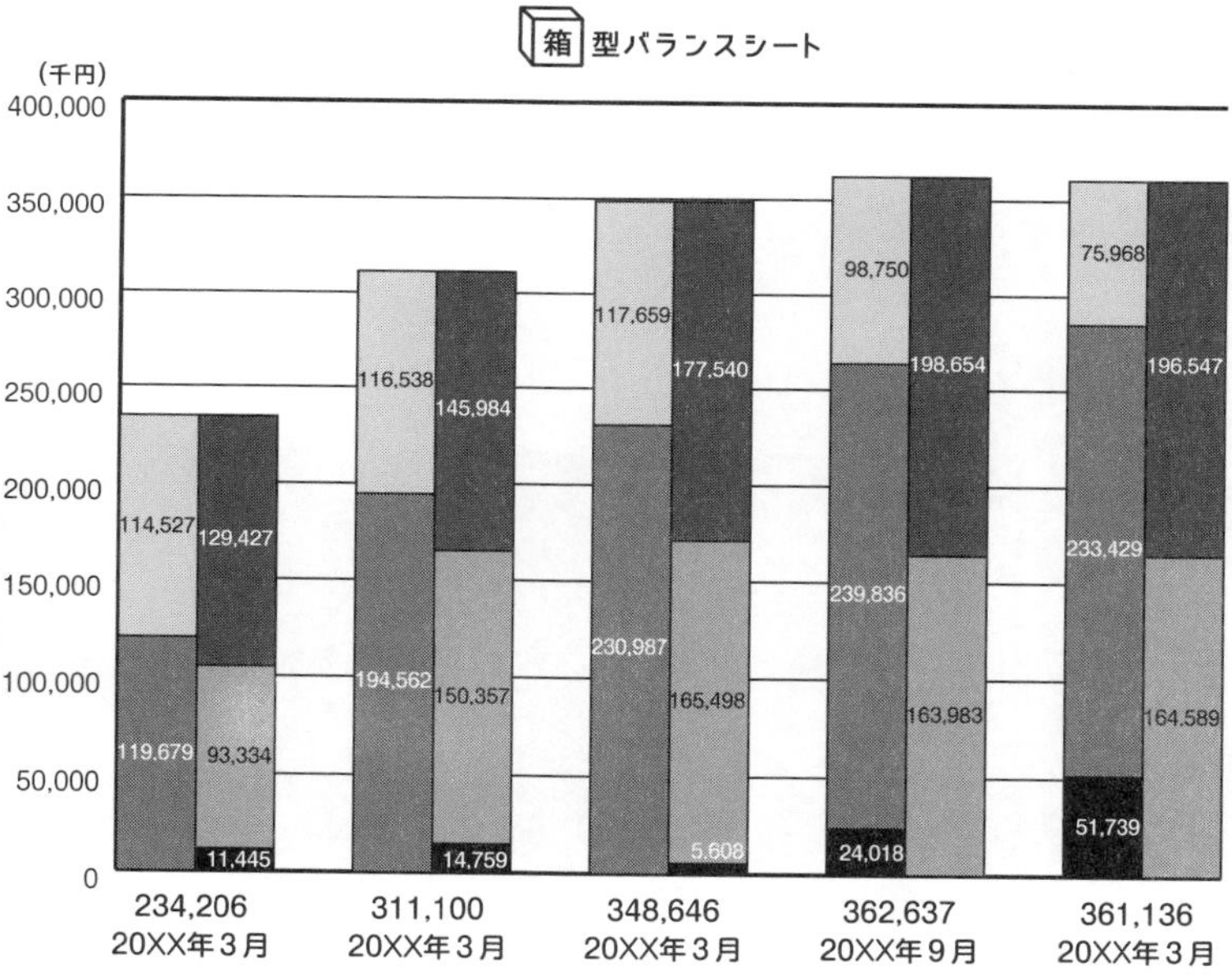

逆転狙いの設備投資が裏目に出て、債務超過に

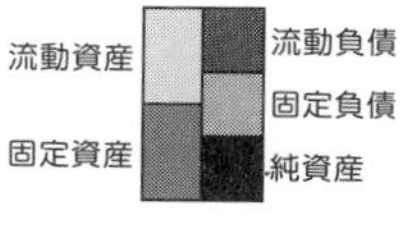

3
安定経営

特徴 純資産がプラス
流動資産＞流動負債
流動資産＜負債合計

問題 KKD・GNNへの依存とDBK

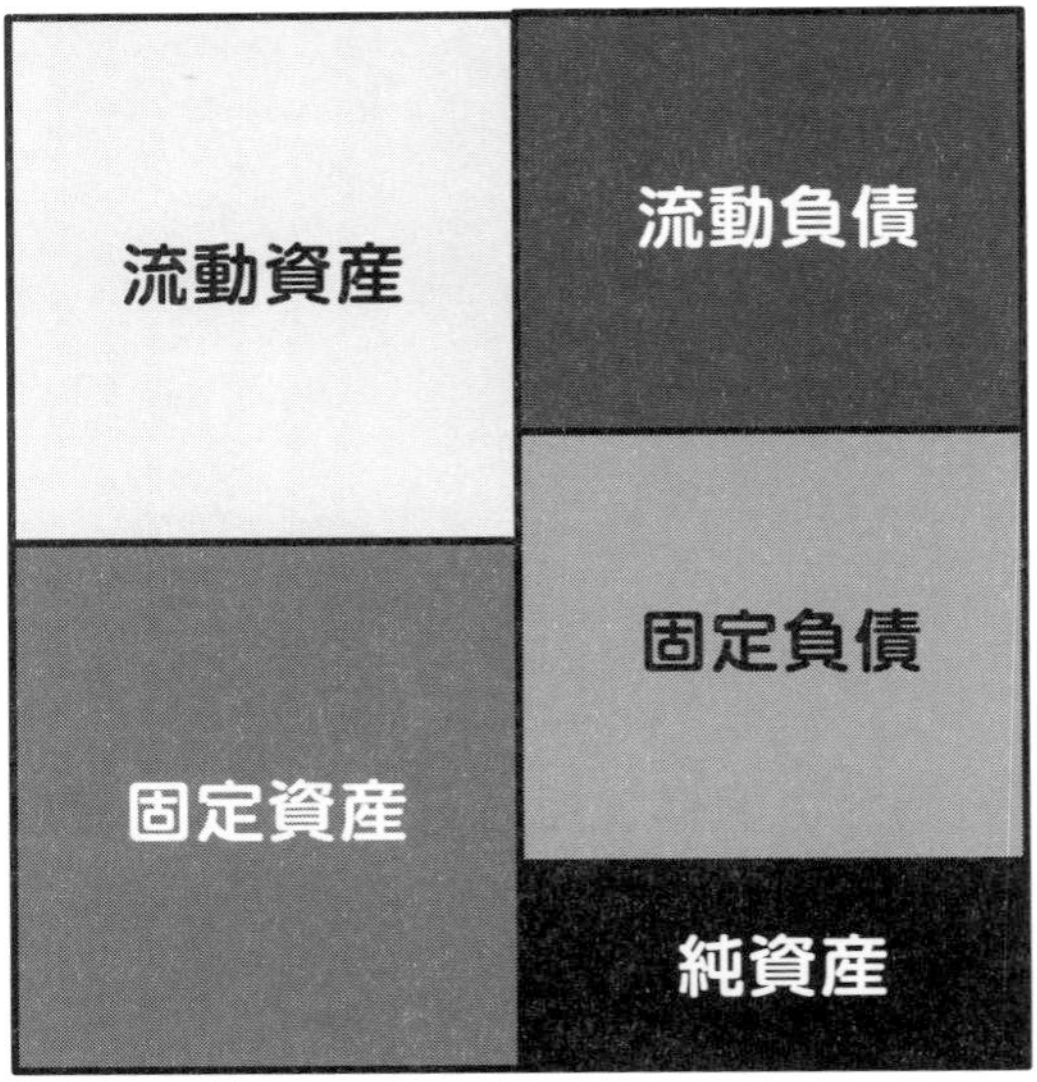

KKD（勘・経験・度胸）とGNN（義理・人情・浪花節）

この会社は、純資産がプラスであり、**流動資産が流動負債より大きいものの、負債全体よりは小さな会社です。** 短期間に入ってきたお金をすぐに短期の支払いにあてる必要はなく、資金繰りは自転車操業の会社に比べて安定しています。

この会社の売上は安定し、それなりに利益も得られて、潤沢といえないまでもお金があります。借入金の返済もきっちり行っているため、銀行からも健全優良企業として信頼され、お金も容易に借りることができます。

ところが、この会社の箱型バランスシートを時系列で見ると、しばしば特徴的な傾向があることに気づかされます。それは、**大きな変化がない**ことです。まさしく現状維持の会社ですが、経営者は意図的に現状維持の状態にしているわけではありません。実は進化できないだけ、なのです。

進化ができない安定経営の会社に共通する特徴、それは**KKD・GNN**と**DBK**による経営にあります。

KKDとは、「勘」と「経験」と「度胸」です。この会社は、客観的なデータや数値、論理よりも、KKDを重視した経営を行っているのが特徴です。

同時に**GNN経営**でもあります。**GNNとは「義理」と「人情」と「浪花節」、つまり感情**です。**データや事実よりも経験や感情が大事**だと考えているのです。会社全体がデータや数値や論理を軽視、もっといってしまえば蔑視する雰囲気さえあります。

会社の中でKKDに最も優れた人、すなわち社長が強力なカリスマ的ワンマン経営を行います。社員はみんな社長の指示を待って、それに従って仕事を進めます。社長は神のごとき無謬《むびゅう》の存在、現人神《あらひとがみ》として社員の上に君臨しています。

かといって社長は傲慢で冷たい人間などではなく、社員を想い、愛情をかけてわが

安定経営

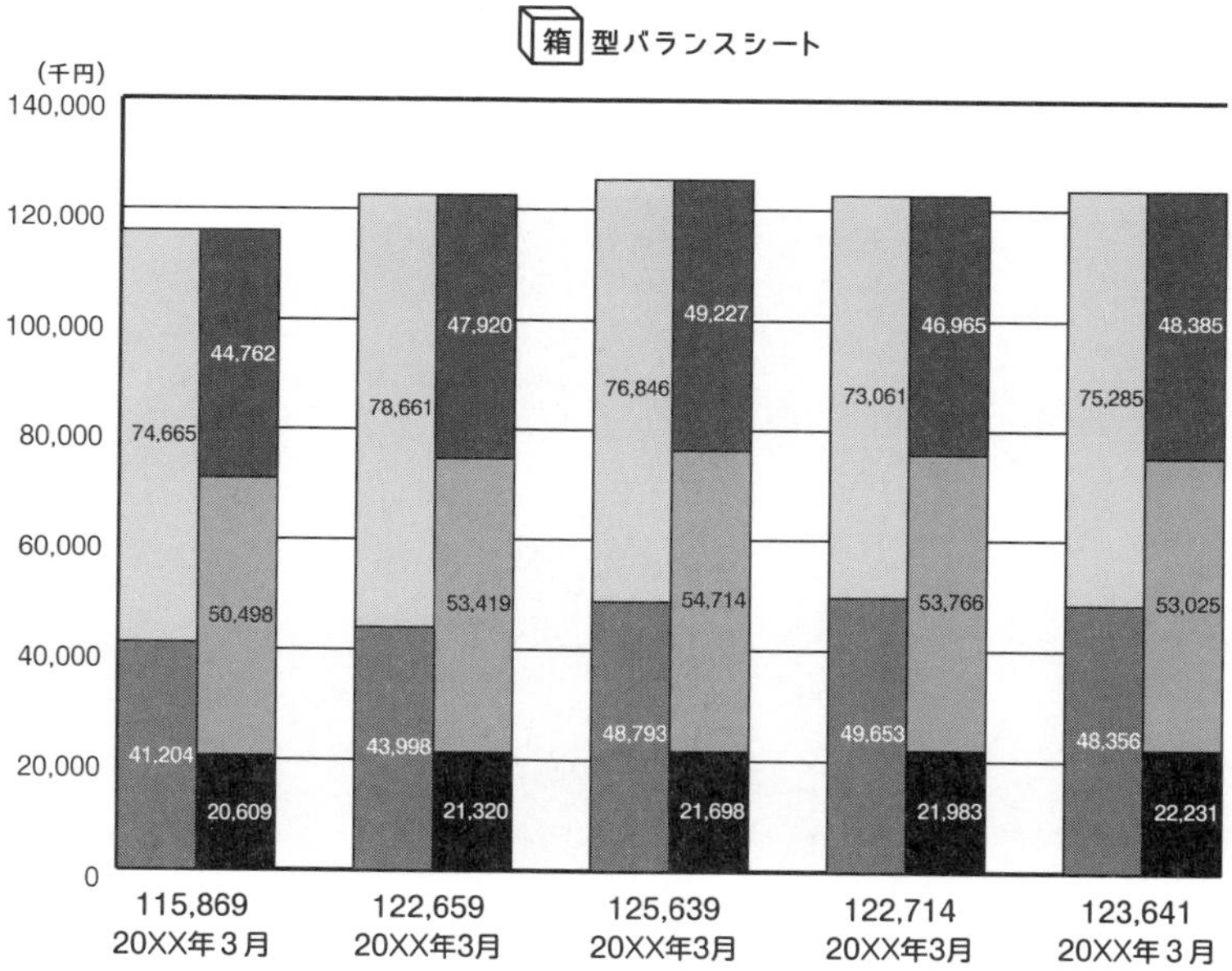

進化できないバランスシート

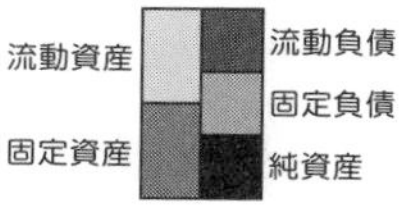

子のように可愛がるのです。ただ、あまりに偉大な社長であるために社員は自分自身でものを考えなくなり、成長が妨げられてしまっています。

ＫＫＤは職人の仕事場ならば最適ですし、そうでなければ技能の伝承はできないでしょう。しかし、会社はそうではありません。

ＫＫＤを否定はしませんが、会社という組織を成功に導くうえでは、ＫＫＤにプラスして**データと事実と論理が重要**なのです。

どんぶり勘定を改め、データと事実と論理に基づく経営への転換が必要

また、この会社の会計は、**ＤＢＫ、すなわちどんぶり勘定**となっているケースが多く見られます。会社が利益を出していても、その利益の源泉が分からない状況です。会社が扱っている製品・商品について、どれがいくら儲けているのか経験的になんとなく分かっていても、細かくは把握していないのです。

例えば、製造業であっても、原価計算を行っていないことがしばしばです。製品１

個当たりの原価が分かりません。当然製品を1個売ったときにいくら利益が出るかも分かりません。したがって、利益を増やしたいと思っても、どの製品をどれだけ売るかという計画が立てられません。

同じように、損失を出しても、お金が足りなくなっても、その原因が分かりません。会社の経理は最終利益と税金の金額を計算して、社長に報告するだけであり、その税金の計算も外部の税理士に頼っているのが実情なのです。

また、会社には部や課といった部門があり、それぞれの部門でかかった経費が集計されているのが一般的ですが、この会社では、集計したり、されていなかったりとバラバラです。これでは緻密な事業計画など立てようがありません。

社内に会計を知る人がいないために自己流の会計処理をしている会社も多く見られます。とても複雑かつ不合理な会計処理で、プロでも理解に時間を要します。「よくこんな会計処理を考えたなぁ」と感心はしますが、まったく無意味です。帳票や業務の流れを改善すればもっと簡単な会計処理で済むと思い、いろいろと提案してみても頑として受け付けません。

さらに困ったことには、その不可解な会計処理をコンピュータで行えるように汎用の会計システムを無理やりカスタマイズしてしまうのです。当然システムの開発費は大きくなります。さらにカスタマイズの結果、システム本来の機能が損なわれてしまい、使えない会計システムになっています。

しかし、それでも社員たちは満足しています。なぜなら社長は偉大なカリスマ経営者であり、あらゆる問題を奇跡のように解決し、社員を大切にしてくれるからです。社長の頭の中には必要なすべての情報が入っていて、直感的にではありますが、緻密な計算が行われているのです。

こうした神業は社長にしかできません。他の社員に伝えようがありません。たとえ伝えても理解できませんし、それを決定して全責任を負って実行できる度胸のある社員などいないのです。

カリスマ社長が衰えを知らなければこのままでもやっていけますが、カリスマ社長も結局は人間です。社長が衰えを見せた時、この会社に危機が訪れます。

ある会社の社長は、あらゆる困難を驚くべき手腕で克服し、ひとりで会社を大きくしてきたカリスマ社長でした。その地方では名士であり全国的にも著名な人物でしたが、時代が変わって、さすがのカリスマ社長もその能力に陰りが見えてきました。

しかし、誰も社長に代わる人はいません。社員も社長の指示に従っていれば安心なので、思い切った改善や改革には及び腰です。

この会社はここ10年ばかりほとんど売上高の伸びはありません。一方で、利益だけが徐々に徐々に減っていきます。

数年前に売上の拡大を狙って子会社をつくり大きな設備投資をしたのですが、遅々としてその回収は進まず、子会社は赤字のままです。

この子会社設立と設備投資の経緯は会社に記録が残っていないため、責任の所在があいまいなままで、誰がこの事態を解決するのか分かりません。

社長は自ら一線を退いて会長となり、社内改革が新しい社長のもとで行われています。しかしながら古参社員のなかには前社長への想いが根強く残っており、改革は遅々として進んでいません。

立派な管理会計のシステムは導入されているのですが、それが有効に活用されている様子も見えません。

この会社は、社員の〝自立〟を目指した意識改革を行わなければなりません。勘と経験と度胸のどんぶり勘定を超えた、データと事実と論理の管理会計が必要なのです。

左ページの図は、この会社の箱型バランスシートの推移です。

まずは純資産の動きを見ましょう。純資産が増加していれば、会社は利益を上げており、減少していれば損失を出していることになります。1期目から2期目まで純資

進化に失敗した安定経営

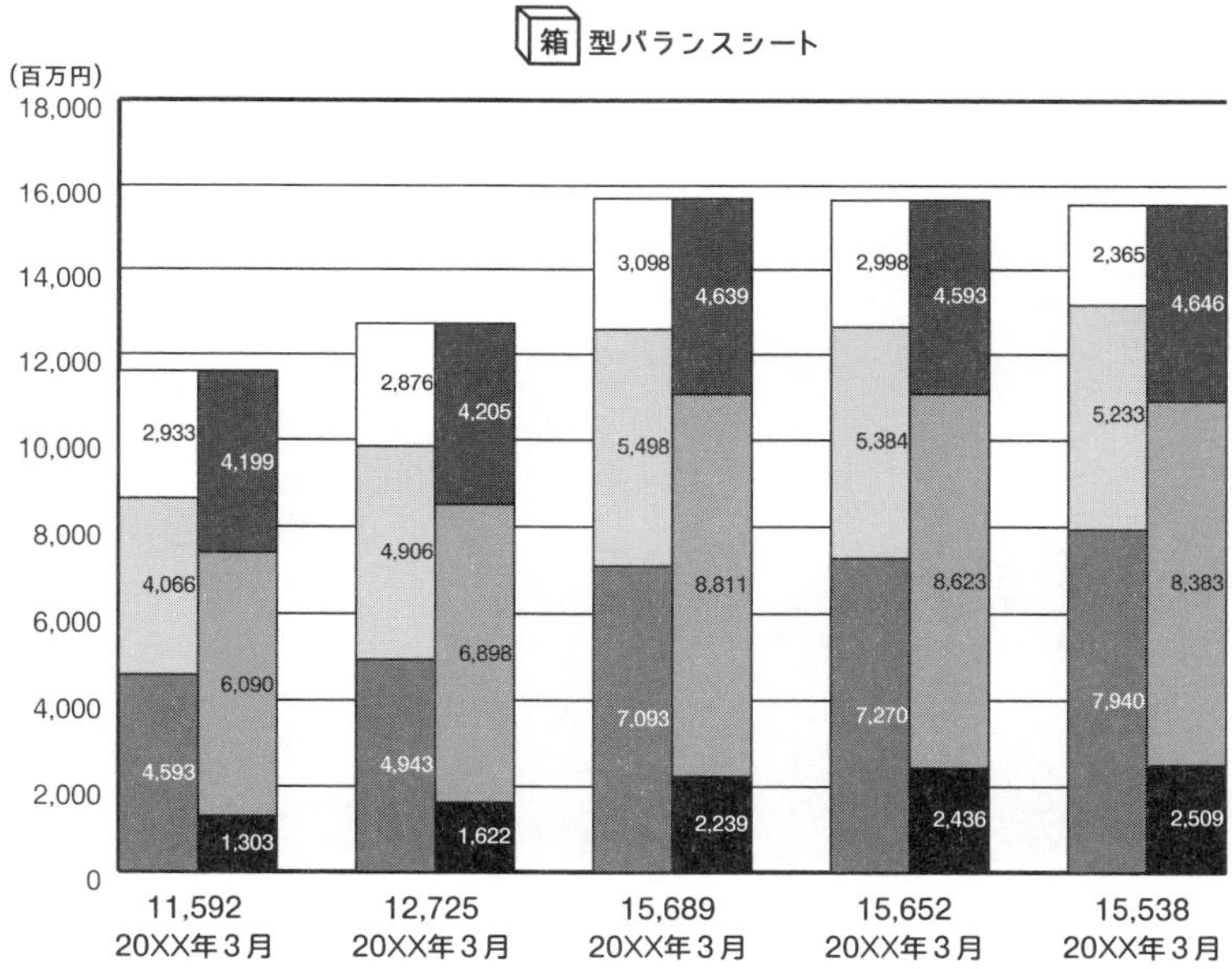

KKDとDBKのために進化に失敗

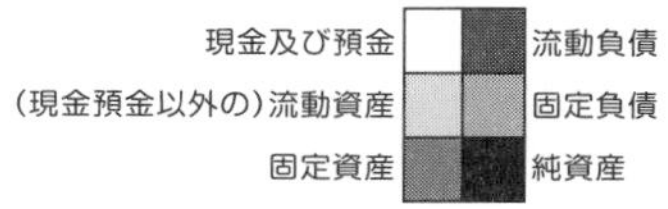

産は増えており、会社は順調に利益を上げていたことが分かります。

同じ時期に固定資産が増えており、1期目から2期目の間に会社は大きな設備投資をして、生産の増強を図ったのではないかと考えられます。そのための資金調達で固定負債もドカンと増えており、この返済が今後この会社に大きな負担になるであろうことが予測できます。

流動資産も増加しています。生産の増強の結果として、売上が増え、売掛金や棚卸資産が増えたのでしょう。

しかし、4期目になると、純資産の増加が鈍っています。利益は出ているようですが、ごく少ないものです。

これはもともと安定経営の会社が、業容拡大を目指して大きな設備投資を行った結果、当初は利益が増えたものの、KKDとDBKのために成長経営への進化は失敗に終わったケースです。

安定経営の会社が成長と進化を遂げ、大企業への道を歩みたいと考えるならば、**KKDとGNNを上手く温存しながら、データと事実と論理の経営へと移行**していかなければなりません。**データと事実と論理こそがKKDとGNNを活かす**のです。ただし、**DBKだけは捨て去らなければなりません。**

それを成し遂げるのが、次の「成長経営」のタイプの会社です。

4
成長経営

特徴 純資産がプラス
流動資産＞負債合計
現金預金＜流動負債

問題 VMCによる会社の統合

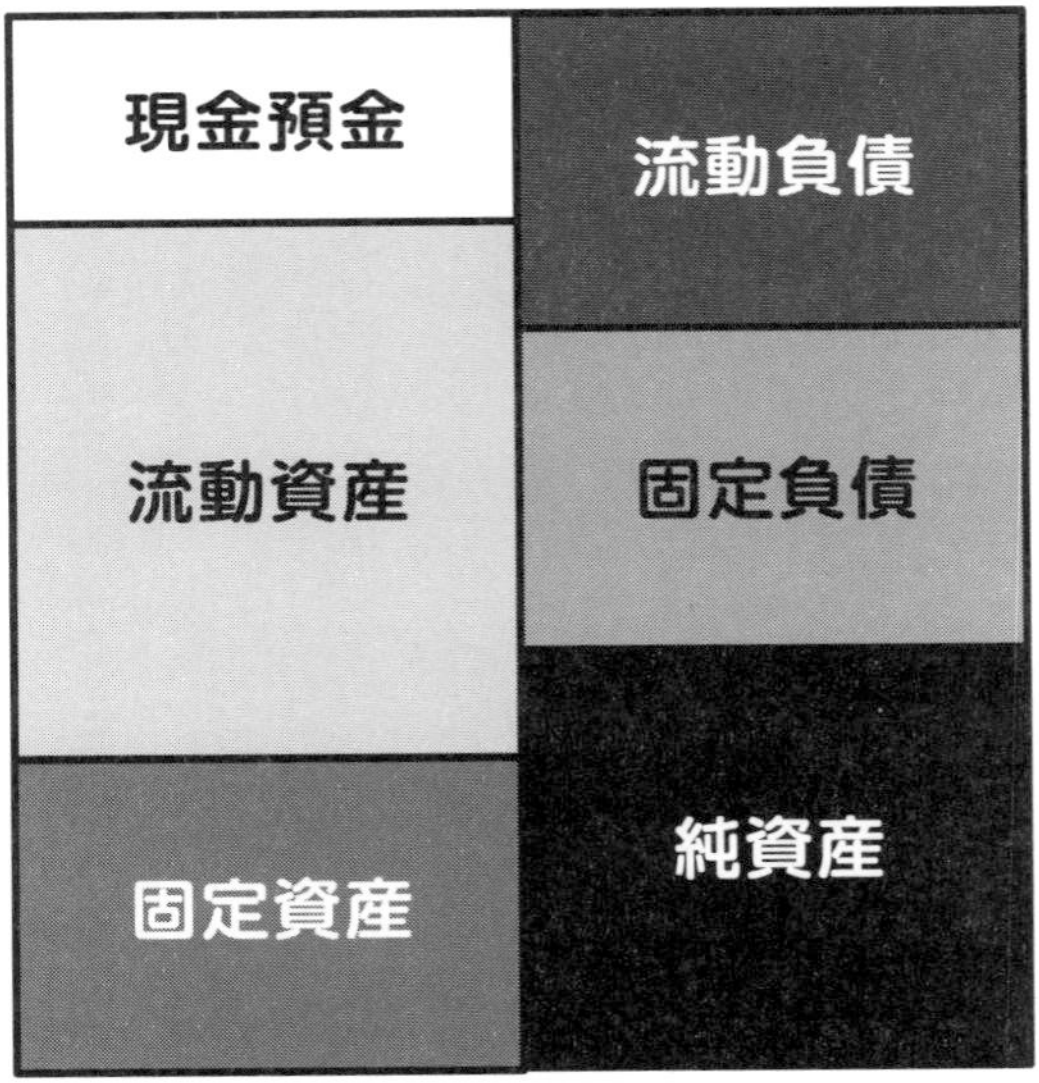

余裕資金を投資に回して順調に拡大

流動資産が負債合計よりも大きい会社が、このタイプに分類されます。短期間に入ってくるお金ですべての負債を賄えるわけですから、お金はかなり潤沢にあるといえます。

しかし、流動資産のなかでも手元にある現金預金は意外に少なく、**現金預金は流動負債より小さい**のも特徴です。

現金預金はただ持っていても新たなお金を生まないので、この会社は余裕資金をいつも新しいお金を生む投資に回しており、その投資によって実際にお金をしっかり稼いでいるのです。

左の図は成長経営の箱型バランスシートの推移です。資産、純資産とも順調に成長・拡大しています。

注目すべきは、資産・負債の流動・固定の割合があまり変わらないことです。これは安定経営の会社のようにＫＫＤやＤＢＫで投資をするのではなく、**精緻に検討された計画に基づいて投資を行っている**ためです。データと数値と論理をフルに活用するため、多くの場合は成功します。少なくとも大きな失敗はありません。

また、会社の組織上、**責任が明確になっているため**社員も必死になって働きます。設備投資だけでなく、有力他社との業務提携、株式の取得や資本参加、新会社の設立など、ありとあらゆる投資案件が常に社内で動いています。最終決済は社長ですが、その過程の意思決定や具体的な活動はすべて社員に委ねられています。

成長経営

箱型バランスシート

| | 165,287 20XX年3月 | 195,738 20XX年3月 | 233,493 20XX年3月 | 267,925 20XX年3月 | 289,718 20XX年3月 |

(百万円)

現金及び預金	33,872	47,862	53,936	63,552	73,652
	56,208	61,920	68,365	83,365	92,298
	87,063	83,878	99,020	124,813	126,710
	52,375	59,419	74,666	84,786	93,547
	44,352	63,998	70,537	79,560	89,356
	56,704	74,399	80,462	99,774	103,873

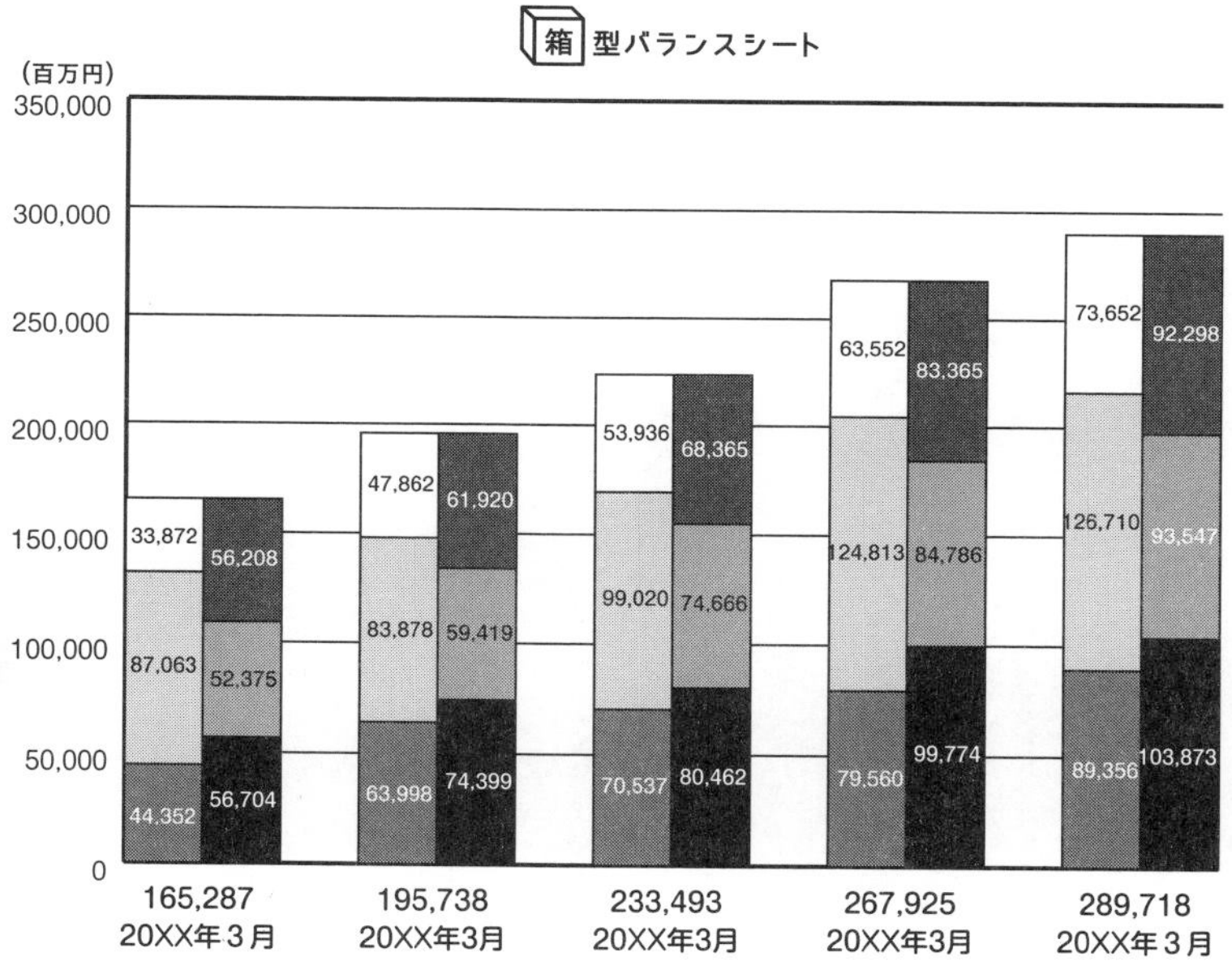

計画的な投資により順調に拡大

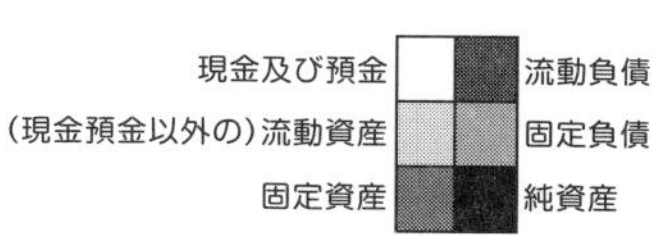

データと事実と論理を備えた経営

成長経営の会社では、毎月の定例取締役会が開催されています。その日までには、会社全体と部門別の決算書とその分析表、資金繰り計画と実績表といったものが所定のフォーマットで整然と作成されています。

取締役会での議題は、実務の担当者・責任者によって詳細な検討が行われており、時に十数ページに及ぶ報告書が配られます。そこには、法的な問題、会計処理の問題、資金調達の問題、投資の採算性などの分析がコンピュータのシミュレーションやグラフによって、分かりやすく示されています。これらの報告書は、優秀な担当役員と社員たちが何日もかけて情報を集め、データを分析し、議論を重ね、文言を選び、十分な自信をもって作成したものに違いありません。

ところが成長経営の社長は、これをサッと読んで、ラインマーカーを引き、社員の説明にメモをとり、しばし黙考した後、おもむろにこの報告書の論理的な誤りや数字の不整合を指摘するのです。報告書を書いた担当役員と社員は顔色を変えます。しかし、社長は声を荒げたり、社員を責めたりすることもありません。報告書を完璧にするための具体的な提案をして、期限を決めて再検討と資料の再提出を指示します。

安定経営の会社のＫＫＤ社長とは違う形のカリスマです。この力の前に一般の社員はもちろん他の役員もおそれひれふし、その意思決定と指示に従うのです。この社長は業務のＫＫＤではなくて経営のＫＫＤを持ち、さらにその上にデータと事実と論理を備えているのです。

管理会計もほぼ出来上がっているうえ、より精緻なものとするために日々新たなシステムの開発が行われ、常にメンテナンスされています。システム投資も慎重に検討され、単なる計算や書類の作成はなく、経営戦略に即して会社に大きな利益をもたらしています。原価計算も正確かつ精緻に行われており、コスト分析はこの会社の重要な意思決定・判断資料となっています。

安定経営の会社ではあいまいでごちゃごちゃだった経理部、総務部、財務部、企画部、法務部などの管理部門が、明確に区分されて他部門と独立し、規程・マニュアルがつくられ、常に見直し更新されています。

人事考課制度も明確で、社員教育もしっかりとしており、社員の士気は高く、活気に満ちています。チャレンジが奨励され、社員が常に大きな目標に向かって邁進しています。

こうして出来上がった組織は、会社の業務プロセスを見事に反映した論理的で美しいものとなっています。なぜこの組織なのか、なぜこの部署が設けられているのか、その部署は何を使命としているのか、社長は明確かつ詳細に答えることができます。効率的・効果的な美しい組織づくりは、社長の重要な仕事なのです。

安定経営と成長経営の違い

しかし、こうしたことが一朝一夕にできたわけではありません。成長経営の会社が素晴らしいのは、起きた問題とその解決を当事者となった社員の個人的な経験、つまりKKDにとどめておかないことです。KKDを否定するのではなく、**KKDによる仕事の実践をさらに確実なものとするために、KKDを人に伝わる言葉でマニュアル化し、誰でも高いレベルの仕事が出来るような仕組みを構築している**のです。

頻発するミスや重大な問題については、検討委員会を設け、その原因を突き止め、防止策を練り上げます。そして、その防止策は、誰にでも理解し実行できるよう規程やマニュアルとして文書にまとめて蓄積していきます。また、そこで得られた意見や新しい事実も文書に反映され、社員全員で共有される仕組みを築いているのです。

こうしたシステムの構築には、社長・役員はじめ社員たちの粘り強い努力とたくさんの時間が必要です。しかし、この方法によって、起こってしまったミスは仕事のレベルアップにつながるきっかけと見なされるようになるうえ、大きなミスはなくなり、どんどん管理のレベルが上がっていきます。

仕事を個人のＫＫＤにしてしまうのは簡単ですし、一見効率的です。しかしそれでは会社全体の管理レベルは向上しません。データ、事実、論理を共有しなければなりません。

安定経営と成長経営の間では、次のような大きな差があるのです。

安定経営

KKD・GNN
DBK

↓

成長経営

データ・事実・論理
管理会計

ビジョン・ミッション・クレドによる会社の統合が課題

しかし、成長経営の会社にも、課題があります。

規程・マニュアルによる仕事の標準化が進められ、規則・細則などの明確なルールが定められますが、意識がいまだ十分に高まっていない社員からは、それが自分たちの行動を縛るものと捉えられてしまうのです。

このタイプの会社がなすべきことは、**会社の具体的なビジョンを描き、明確なミッションを掲げ、それらを部門と個人への行動指針へ落とし込み、会社の倫理や行動の規範であるクレドをつくること**です。

成長経営の会社が最も頭を悩ませるのは、企業をひとつにまとめることです。会社が大きくなって、さまざまな人が集まり、多くの部署に分かれて動くようになると、それまで把握できていた従業員一人ひとりの心が見えなくなってきます。

論理的なことやデータや事実は、ある意味モノであり、モノのマネジメントは容易です。しかし、人の心はそういきません。油断していると思ってもいなかった事態が起こります。とんでもないミス、重大な規則違反、信頼していた社員の不正、要職にある社員の思わぬ辞職、社長の意に反した社員の言動、社員の心の病の発症……。

成長経営の会社は、**ビジョン、ミッション、さらにはクレド（VMC）などによる会社の統合**を目指さなければならないのです。

なお、VMCは成長経営の会社か、成長経営に進化しそうな安定経営の会社には有効ですが、債務超過や自転車操業、安定経営でKKD・GNNやDBKど真ん中の会社には役に立ちません。債務超過の会社ではそんなものをつくっている暇はなく、自転車操業では売上拡大の邪魔になります。また、KKD・GNNでDBKの会社では、VMCはたいてい毎日唱えるだけのお題目になってしまいます。

成長経営未満の会社が成長と進化を遂げるためには、VMCよりも管理会計をしっかり整え、原価計算、業績評価などの管理制度をデータと事実と論理に基づいて築き上げるしか道はありません。

それぞれの会社のステージに応じた取り組みが必要なのです。

5
お金持経営

特徴
純資産がプラス
流動資産＞負債合計
現金預金＞流動負債
現金預金＜負債合計

問題
減点主義の蔓延

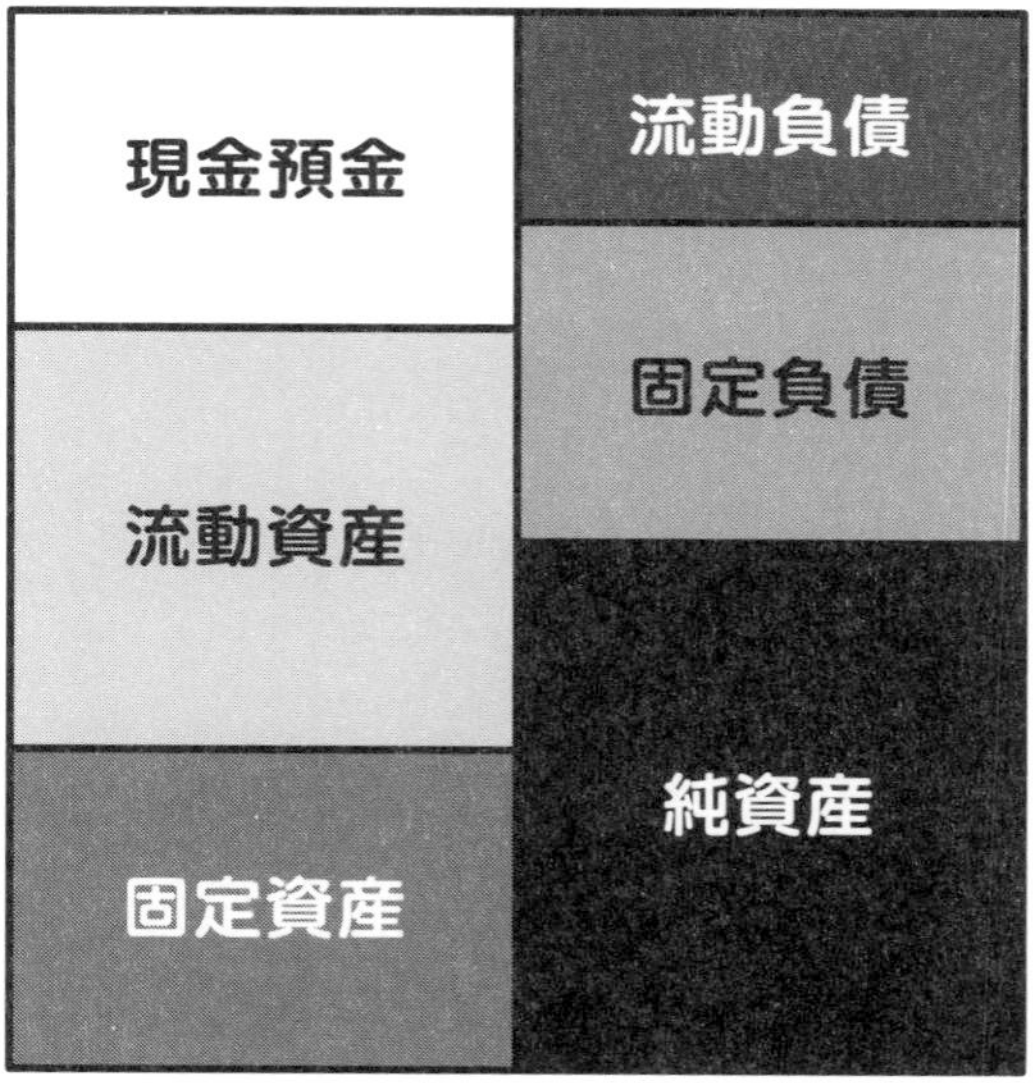

滅多なことでは潰れない余裕の資金繰り

このタイプに分類されるのは、**流動資産が負債合計よりも大きいうえに、手元の現金預金が流動負債よりも大きい**会社です。成長経営の会社以上にお金を持っていて、相当な余裕があります。

何か問題が起きても、滅多なことでは会社が潰れる心配もありませんから、社内には切羽詰まった雰囲気はありません。

箱型バランスシートの推移見ると、会社の成長はやや緩やかですが、それは会社の規模が大きいためであり、成長をしていないわけではありません。**お金持経営の会社は、規程・マニュアルの整備や、管理会計システムの構築がすでに出来ています。**定められた通りに仕事を進めれば誰がやっても同じ結果となり、一定の売上と利益が得られるようになっています。

完成されたシステムと減点主義の蔓延

このタイプの会社の業務は、担当者が作成し提出すべき書類の内容から書式まで、すべてが規程・マニュアルに詳細に定められており、上司や責任者はそれをチェックするだけです。定められた書式形式に従って書類をつくれば、誰でも求められるデータ、事実、論理を整えられるようになっています。こうしたシステムのおかげで経験の浅い社員でも大きな仕事ができるのです。

とても効率が良く、社員の教育効果も高いシステムですが、このシステムに慣れてくると**仕事は出来るのが当たり前、出来ないことは大問題という減点主義の考え方**がはびこってきます。

こうした減点主義のもとで社員の多くは、失敗しないように、上司に怒られないようにと考え、定められた業務はきっちりこなしますが、それ以上のことはしなくなります。そして、お客様の顔を見ることなく、上司の顔を見て仕事をするようになりま

お金持経営

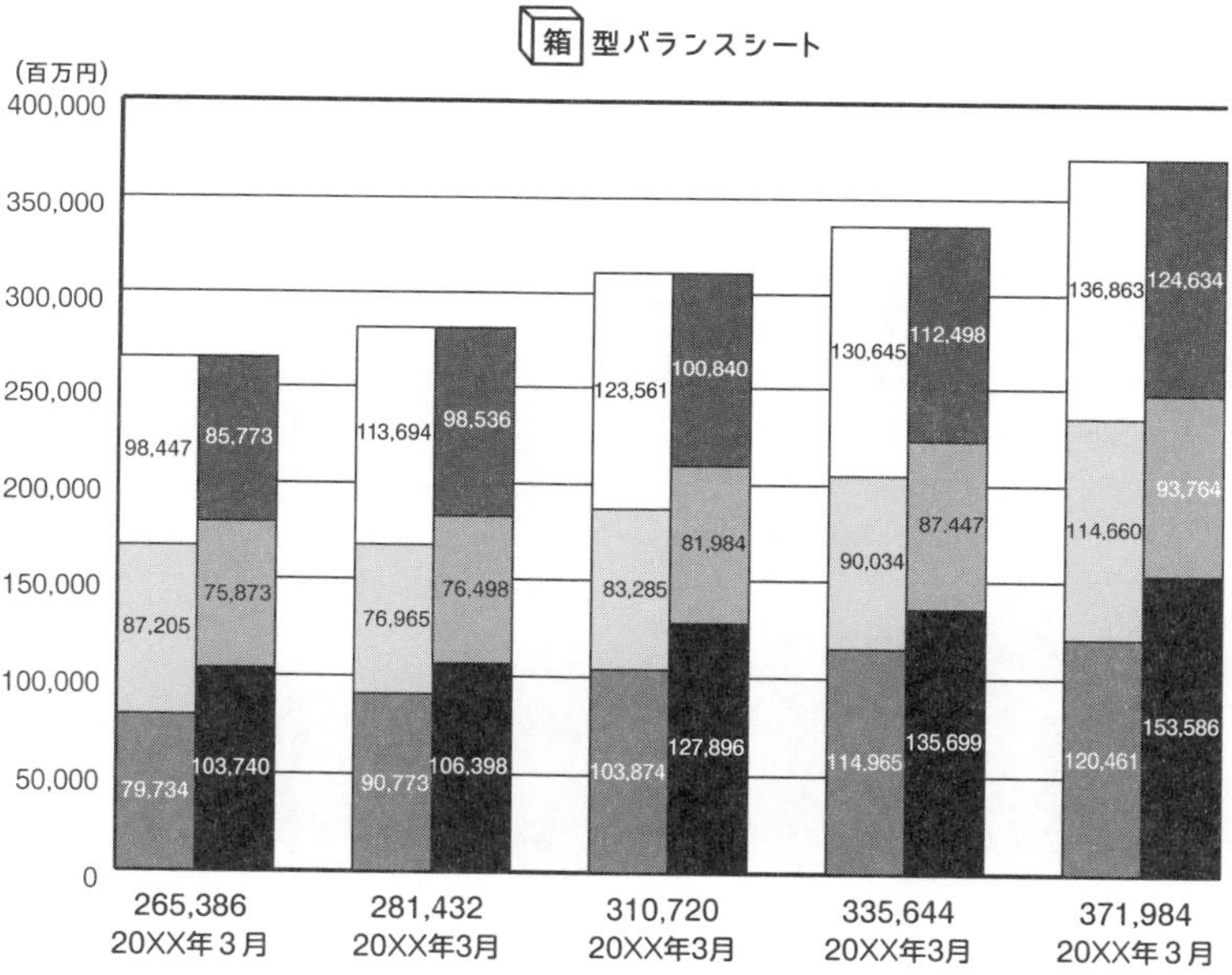

箱 型バランスシート

（百万円）

| | 98,447 | 85,773 | | 113,694 | 98,536 | | 123,561 | 100,840 | | 130,645 | 112,498 | | 136,863 | 124,634 |

凡例:

- 現金及び預金 ／ 流動負債
- （現金預金以外の）流動資産 ／ 固定負債
- 固定資産 ／ 純資産

グラフ数値:

項目	265,386 20XX年3月	281,432 20XX年3月	310,720 20XX年3月	335,644 20XX年3月	371,984 20XX年3月
現金及び預金	98,447	113,694	123,561	130,645	136,863
流動資産	87,205	76,965	83,285	90,034	114,660
固定資産	79,734	90,773	103,874	114,965	120,461
流動負債	85,773	98,536	100,840	112,498	124,634
固定負債	75,873	76,498	81,984	87,447	93,764
純資産	103,740	106,398	127,896	135,699	153,586

会社の規模が大きいため、成長はやや緩やか

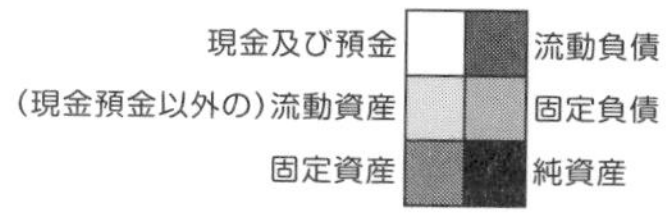

す。会社の利益を考えるのではなく、自分の保身を考える。こうした考え方が会社全体を支配していきます。

それでもシステムが出来上がっているため、利益は上がり、お金も潤沢であり続けます。これがこの会社の凄さです。成長経営の会社では、社長も社員も夢を追って、人生を懸けて、喜々として仕事をするビジネスマンでしたが、お金持経営の会社ではそうした人たちが**サラリーマン化**するということが起こるようです。

少数精鋭の優秀な人材

もちろん、お金持経営の会社の社長と社員がすべて保身優先のサラリーマンというわけではありませんし、それでは会社は発展しません。お金持経営の会社では、社長直属の経営企画室や事業戦略室などの組織を通して、少数の優秀な人材を抜擢し、成長経営の会社のような即断即決、迅速果敢、挑戦重視の経営をしている傾向が強く見られます。

彼らは会社から大きな権限を与えられているうえ、成長企業の社長が頭を悩ませた社員のマネジメントなどには、他の専門部署が担当しているため関わりません。

それ以外の定型的でない業務は自分の頭で考え自力で実行していきますが、こうした業務も徐々に規程・マニュアルへと進化していくのです。

経営企画・戦略にたずさわる人たちは、その仕事に没頭し、集中しているので、その持っているデータや知識は膨大となり、駆使する論理はとてつもなく高度なものとなっています。

こうした**少数精鋭の優秀な人材を絶やさないこと、養成し続けることこそがこの会社をさらに拡大発展させる重要な課題**となります。

ただし、会社の膨大な仕事の大部分を実際に行っているのは、平凡な社員ですから、彼、彼女らのモチベーションや活力が衰えてしまうと会社は動きません。そのため、社員研修や新しい手法の発見と導入を積極的に行い、社員の力を衰えさせないような施策を講じています。

このタイプの会社は社員の教育研修にお金をかけるのが特徴ですが、その目的は社員のモチベーションと活力・やる気の維持にあるのです。

データに基づいた勝算のある設備投資や新規事業開発

お金持経営の会社は、大きなリスクを伴うであろう設備投資や事業開発に果敢に挑戦していくのも、その特徴のひとつです。それは債務超過や自転車操業の会社が挑むような奇跡の一発逆転満塁ホームランではなく、**データと事実を集めたうえで、徹底的に検証した十分に勝算があるチャレンジ**です。

成果の出ないことや失敗することもありますが、この会社は非常に潤沢な資金を持っているので、ちょっとやそっとのことでは会社が傾くことなどありません。多少リスクの高いことでも余裕を持って挑戦できるのです。新規事業等が成功すれば、それは子会社、関連会社として独立させて、貢献した社員を社長にして、グループを拡大していきます。

ブランディングのためのVMC

ビジョンやミッション、クレドも毎期更新されて社員に伝えられています。少々形式的になっていることもありますが、優秀な社員たちにはもうビジョンは十分に浸透しているので問題ありません。

しかし、お金持経営の会社は大きな会社なので、**社員にビジョンやミッションを伝えるというよりも、それらを取引先や一般消費者、投資家など、より広く社会に伝えることが重要**になってきます。

会社の統合のためではなく、会社のブランディングのためにビジョンがつくられます。この会社はどんな価値を求め、その実現のために何をしているのかを社会に向けて広く知らしめるのです。社会の多くの人たちがこの会社のビジョンやミッションに共感して、会社にお金をもたらします。こうしたビジョンやミッションもまた資産といえるでしょう。

コンプライアンス違反に注意

このタイプの会社にも足元をすくわれるリスクが存在しています。それはコンプライアンス違反です。その会社の規模が大きく、社会的な影響力が大きいほど、コンプライアンス違反は致命傷となります。

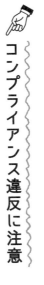

コンプライアンス違反の最たるものは**粉飾決算・不正経理**です。お金持経営の会社であっても、業績が思うように伸びないことはあり得ます。その時に社長が業績回復のための着実・堅実な施策を取らず、最も安易で結果がすぐに出るごまかしのために不正経理は行われます。

不正経理を始めると、つじつま合わせのために経理担当役員と経理部は大変な労苦を背負うことになります。簿記・会計というものは、とてもうまくできているもので、ひとつ不正を行うと別のところに不整合が現れて、そのつじつまを合わせるために新たな不正を行わなくてはならず、それがまた新たな不整合を生む、という形でどこまでも追い込まれていくのです。

日々の仕事よりも不正を隠すための不毛な画策に日々頭と心を悩ますことになりますが、それでも不正は必ず発覚してしまいます。たいていは苦しんだ社員による内部告発です。

粉飾決算・不正経理はどんな理由があろうと社長の責任であり、「自分はそんな指示をした覚えはない」と言っても通じません。

お金持経営の会社は規模が大きく、利害関係者も多いため、その社会的影響は相当なものがあり、極めて厳しい社会的な制裁を受けることになります。株主・投資家やその他の関係者から訴えられ、巨額な損害賠償を課せられます。

上場していた場合は上場廃止になることもあるでしょう。会社の社会的信用は失墜し、立ち直ることが難しくなり、あっという間に債務超過に転落し、倒産を余儀なくされることさえあるのです。

多くの真面目な社員を苦しめ、長年の努力により培った会社の社会的信用を一瞬に失わせる粉飾決算・不正経理の罪は大きく、その代償は計り知れません。

6
金満経営

特徴 純資産がプラス
現金預金＞負債合計

問題 老害企業化のおそれ

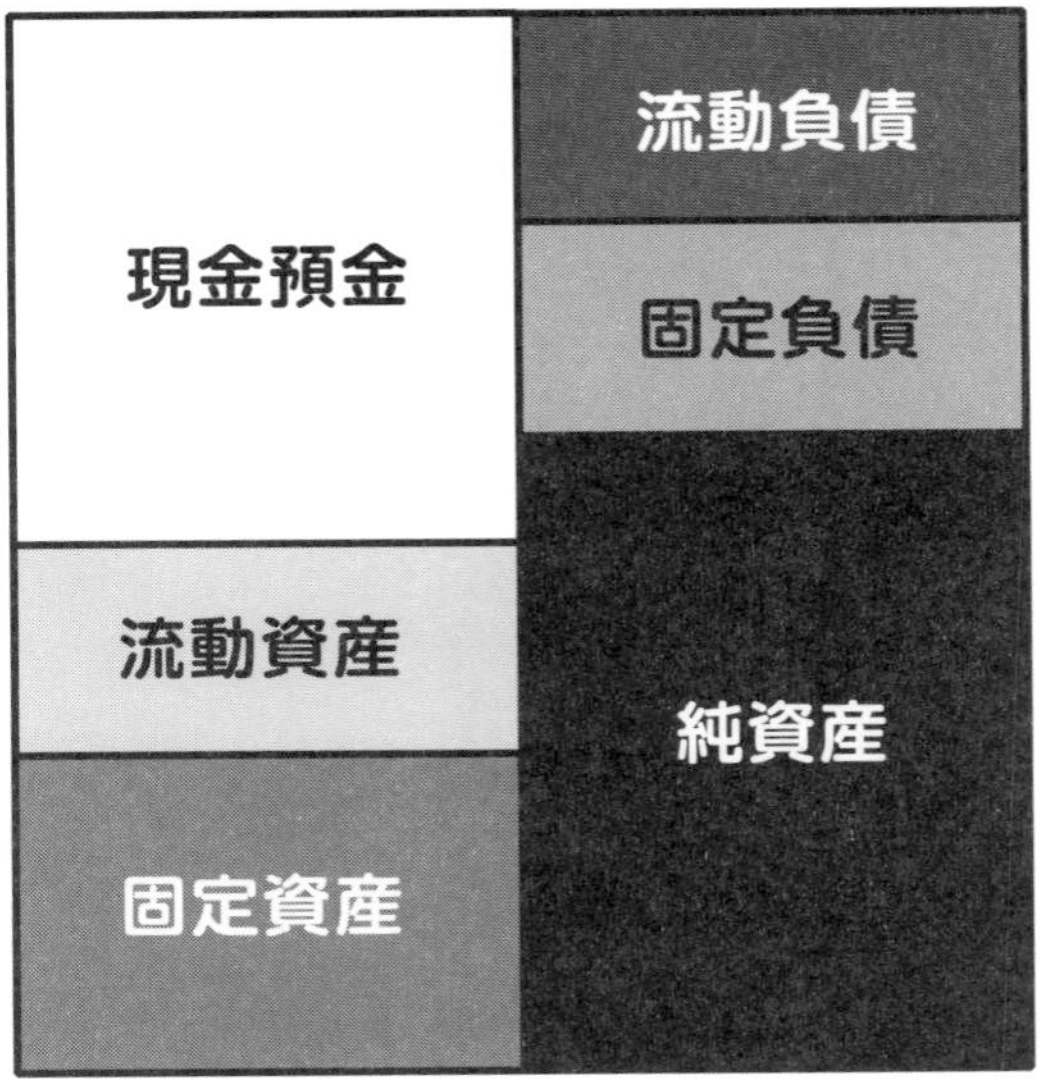

潤沢すぎる資金と完璧なシステム

金満経営は、**現金預金が負債合計よりも多い**会社であり、潤沢すぎるほどのお金を持っています。お金を投資に回すことなく溜め込んでいますが、投資を行っていないのではなく、すでにたくさんの投資物件を持っています。その投資でたくさん稼いでいるため、これ以上は投資などしなくてもいいのです。

お金持ち経営の会社同様、業務システムは完璧なまでに出来上がっていて、決められた通りに仕事をしていれば、誰でもお金を稼げるようになっています。とくに何もしなくてもお金が入ってくるうえ、たとえ今事業をやめたとしても、何年、何十年も従業員を雇いながら会社を潰さないで存続していけるだけの力を持っているのです。箱型バランスシートの推移を見ると大きな変化はありませんが、これは意図して大きな変化を起こさないでいるのです。

華美壮麗なオフィス

このタイプの会社は、功成り名を遂げて大きくなった老舗企業が多く、壮麗な建物、きらびやかなエントランス、女優と見紛うような美しく品の良い受付嬢、豪華なオフィス家具、広い従業員食堂に喫茶室、役員用の特別食堂、立派な会議室、たくさんの絵画や骨董、廊下を照らす巨大なシャンデリアなどを備えています。

社員も品の良い人たちが多く、会社には穏やかな空気が漂っています。待遇もかなりのもので、パソコンもろくに打てない、普通の会社だったらどうしようもない社員でも年収1000万を超えていることもあるようです。それでもやっていける会社なのです。

会計管理に必要な帳簿や伝票、稟議書などの記録とその管理は完璧です。このような会社には、今まで見てきたような経営上・管理上の問題などはありません。しかし、今までの会社とはまったく質の異なる問題を抱えていることがあります。

金満経営

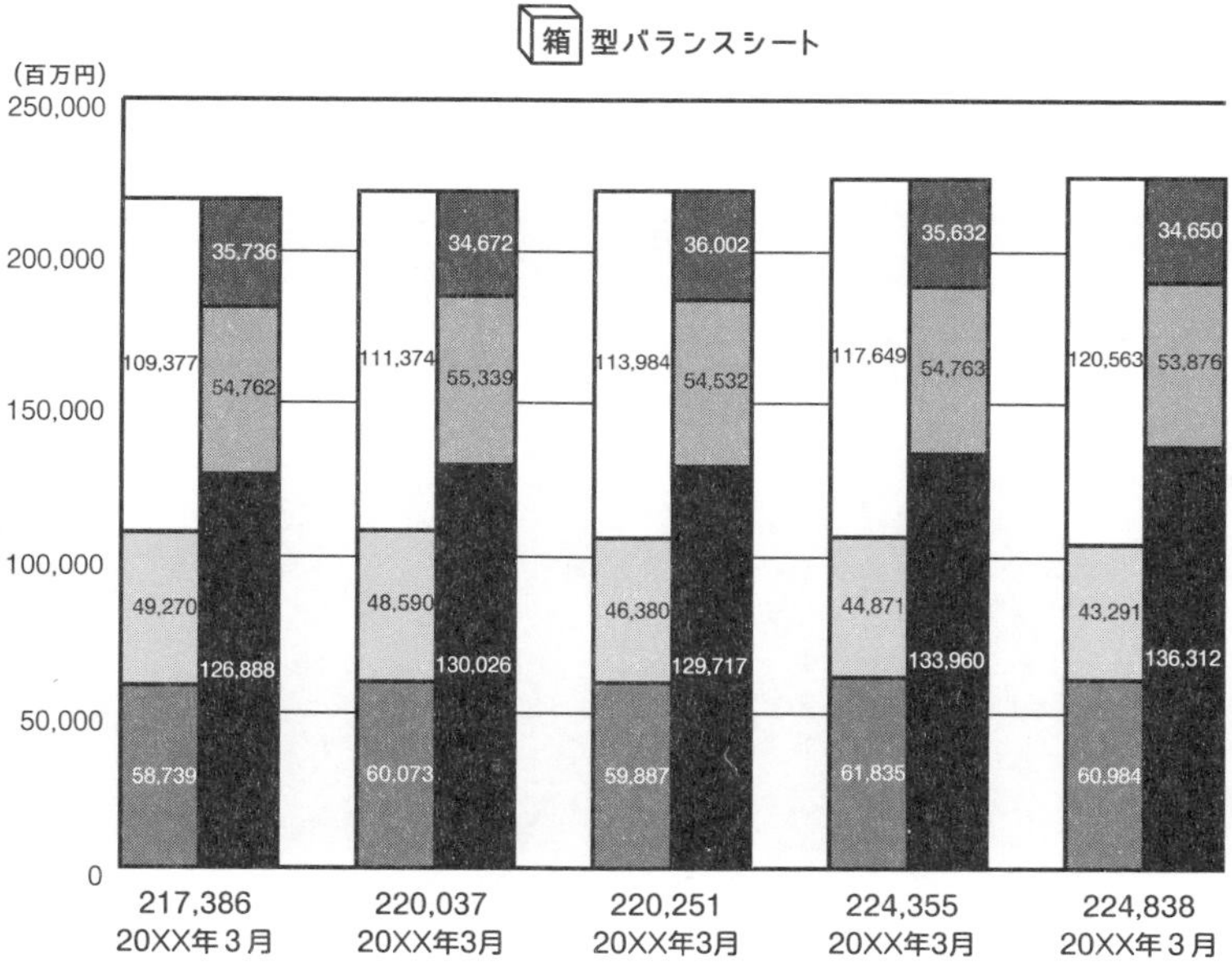

意図して大きな変化を起こさない

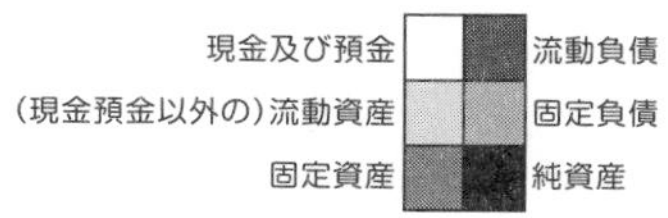

シビアな法律問題

この会社が抱えている問題は、主に法律問題です。しかも、コンプライアンスなどといった生易しいものでなく、何件ものシビアな案件を抱えていることもあります。直面する問題が普通の会社とは相当異なり、それは人間の業《ごう》にかかわる問題が多いと聞きます。外部の人間には計り知れないものがあります。

こうした会社には、何人もの法律の専門家が顧問についており、時に警察関係者の顧問なども入っていたりします。シビアな問題は、それら専門家に高額の報酬を払って解決を丸投げしているのです。弁護士、公認会計士、税理士、司法書士などの士業の専門家は、こうした会社の顧問になれば安泰といえます。ただ、扱う問題が複雑で難しいものであることが多く、その問題を上手く解決できなければ即クビです。

内部からは変えられない

この会社は、もうリスクの高い事業をする必要もないので、長年慣れ親しんですべてが分かっている仕事を繰り返すだけとなります。揉め事があっても外部に解決を丸投げなので社内はいたって平穏です。

この会社のこうした状況を評して「老害」と言う人もいます。たくさんのお金があるのに、それを寝かしておくのは害悪だというのです。

確かにそうかもしれません。

この状況を打ち破るには、〝業務改革〟や〝組織変革〟ではなく、〝革命〟が必要であるといえますが、〝革命〟を内部から行うことはなかなか難しいことです。

変化の機会は、外部から訪れることがあります。地震などの天災、甚大な事故など、およそ想定できないような事態が起きて、長年築いてきた会社の構造が崩れるのです。それは覚醒のための天からの一撃なのかもしれません。

金満経営とは似て非なる成金経営

なお同じ貸借対照表のタイプでありながら、金満経営というよりも**成金経営**といったほうがいいような会社もあります。ベンチャー企業などで、社長やその取り巻きが事業計画の立案やプレゼンが上手であったため、ベンチャーキャピタルなどから多額の資金を得ることができた会社です。

こうした会社は、出来たばかりの小さな会社にしては分不相応に豪華なオフィスが特徴です。しかし、なんとなく雑然と散らかっていて、オフィスの掃除がちゃんとされていないことが分かります。社員の態度もどことなく横柄です。社員教育が出来ていないことの表れです。

社長は、周囲からその優秀さと豊富なアイディアで社長に祭り上げられた自己中心的な人物であることが多く、華美令色を好み、大言壮語を発し、傲岸不遜であることもままあります。

そして優秀であるだけに手が付けられません。社長は、営業と称して、取引先ではなく、投資をしてくれた人たちと毎晩夜の街に繰り出し、一晩で30万~50万円、ときには100万円以上のお金を使います。

雰囲気的には、債務超過の夢見る社長、自転車操業の拡大至上主義が合わさったような社長です。安定経営の社員への愛ある社長とはいえません。

周りに厳しい監視役がいて、わがままな社長の手綱をしっかりと取り、その監視役が周囲を固め、成長経営・お金持経営の経営者並みの手腕で経営と資金の管理をしていれば、この会社は資金が潤沢にあるだけに瞬く間に成長するのですが……。

金満経営か成金経営かを単年度の箱型バランスシートで判断することはできません。やはり時系列で見る必要があります。

左ページは、成金経営の箱型バランスシートの推移です。

1期目の単年で見れば、金満経営です。しかし、年々固定資産が増えていく一方、流動資産や現金預金はどんどん減っていきます。負債は固定資産が増える分だけ増加して、利益が出ないことから、急速に純資産がしぼんでいきます。新たなお金を産まない無駄な投資を行っているということです。

内実がないために、事業にどんどんお金を使いこんでも利益が得られず、損失を出し続け、あっという間に債務超過まで落ち込んでいくのです。

繰り返しますが、単年度の箱型バランスシートを見れば、その時点で資金繰りがどの程度安定しているかは分かりますが、会社がどういう方向に向かっているのか、実際に儲かっているかどうかは、このように時系列で見なければ分からないのです。

成金経営

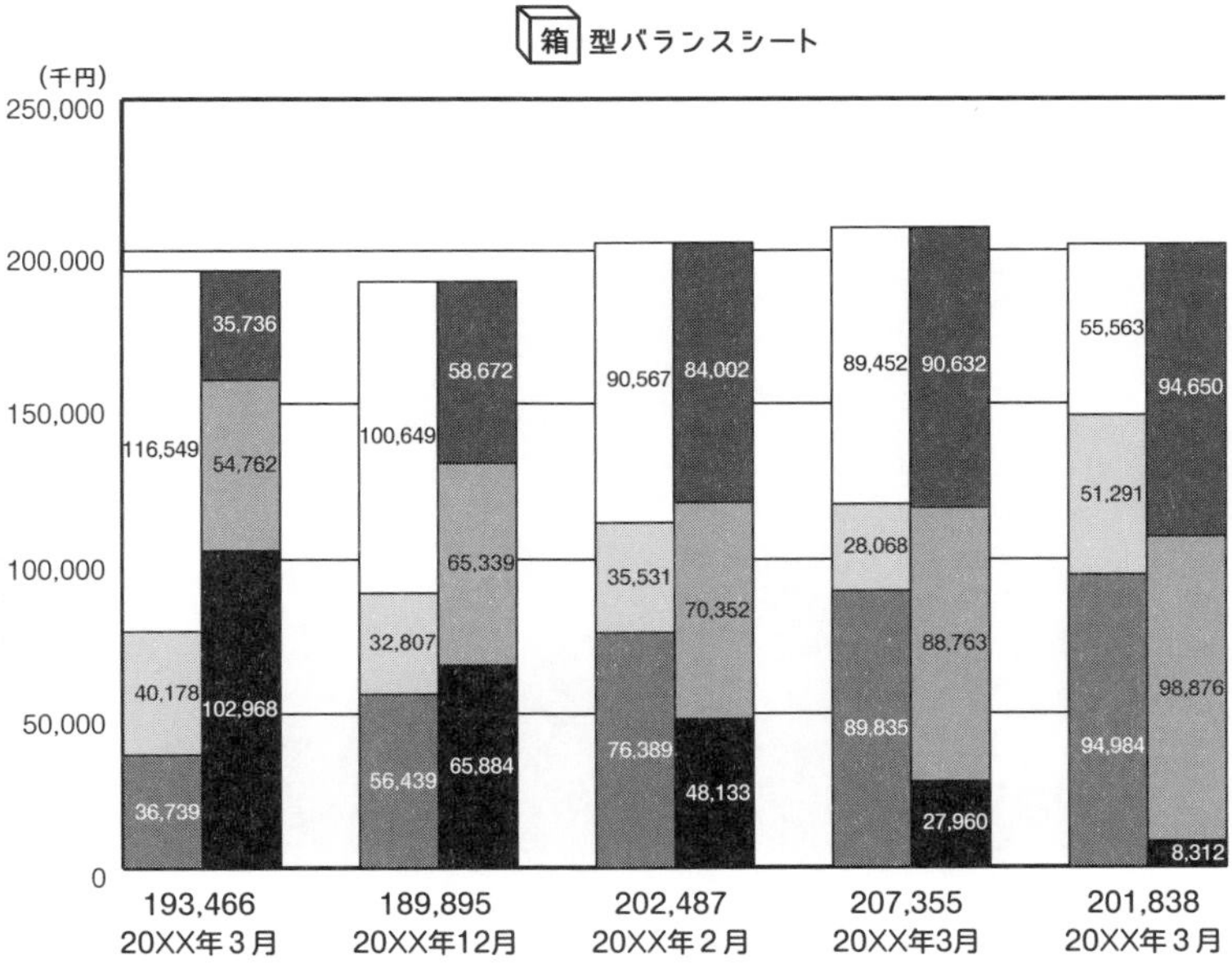

見た目は金満経営タイプだが、内実がなく、債務超過まで転落

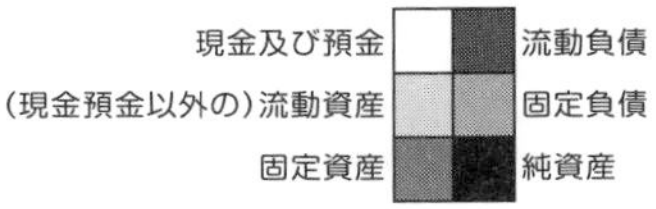

会社の成長と進化

ここまで各タイプの貸借対照表の特徴と主にその組織的な特徴について、述べてきました。すでにお気づきになった人も多いと思いますが、**箱型バランスシートを時系列でみていくことがとても重要でそれによって会社の成長・停滞・推移の状況をひと目で把握することができる**のです。

左ページの箱型バランスシートの動きを見てください。

これは、自転車操業の会社が、安定経営、成長経営を経て、お金持経営になるまでの推移を箱型バランスシートの推移で示したものです。資産が増加し、純資産も増加しています。純資産が増加しているので利益を出し続けていることが分かります。成長している会社であるといえるでしょう。

箱型バランスシートの進化

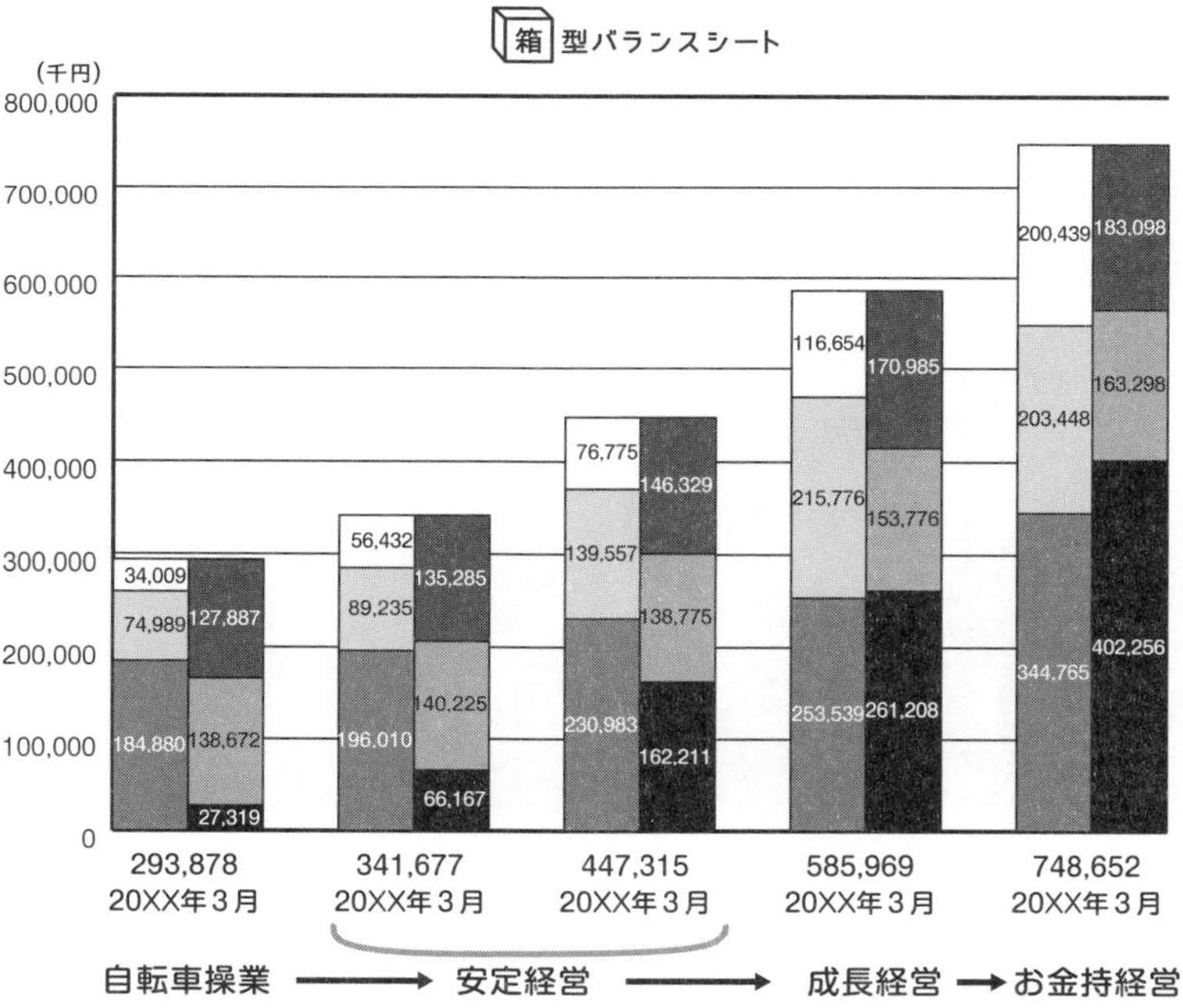

利益を出し続けて自転車操業からお金持経営へ

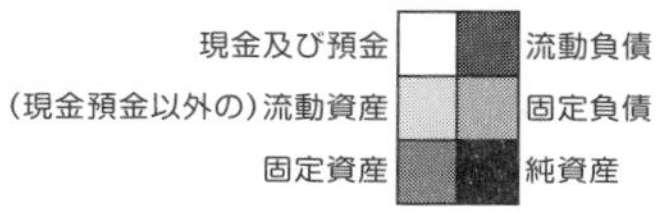

資産と純資産の増加、これを会社の「成長」と普通は考えますが、債務超過、金満経営は別として、貸借対照表は、

自転車操業→安定経営→成長経営→お金持経営

という経路をたどって資金が潤沢で安定性の高い会社となっていきます。これを「成長」ではなく、**「進化」**と呼びましょう。この進化は、一つひとつ着実に進まなければならないものです。

たとえば、自転車操業から一気に成長経営やお金持経営に行くことはできません。自転車操業はまず安定経営を目指さなければなりません。なぜならば、そこには会社の質的な変化が必要だからです。

6つのバランスシートのタイプで、ひとつ上のステージに上ること、これが会社の「進化」です。売上や利益、資産、お金が増えることは「成長」であっても「進化」ではありません。こうしたバランスシートの進化こそが会社の本当の成長なのです。

「進化」は一朝一夕になし得るものではありません。長い時間をかけた着実な努力が必要です。一発逆転満塁ホームランでなし得るものではないのです。やるべきことを着実にやり遂げ、やってはいけないことをやらないことです。

時には投資家から思いがけない多額の出資を得るなどして、純資産が一気に拡大して、貸借対照表が大きく進化したように見えることもあります。しかし、その会社に内実が伴っていない場合、そのレベルに応じた会社に戻ってしまいます。

このようなことを見極めるのは、その会社のことを詳しく調べなければならないように思われますが、箱型バランスシートを時系列で見れば、その会社が規模を拡大させて「成長」しつつ、資金繰りも安定させて「進化」しているのか、それとも「成長」はしていても「進化」はしていないのか、といったことが瞬時に分かるのです。

次の箱型バランスシートの推移を見てください。資産も純資産も増えているので「成長」はしていますが、「進化」しているでしょうか？

最初は「お金持経営」でしたが、5年後には「自転車操業」になってしまっています。この会社は、固定資産がどんどん大きくなっていることから、急激な固定資産への投資（設備投資や長期の金融資産投資）をしたことが分かります。

ところが、純資産の伸びは微々たるものであり、固定資産へ投資をしたものの、それによる利益が十分に上がっていない状況であると見ることができます。

投資のための資金の多くを借入金などに頼っているために財務状況が「進化」の流れから逆行して、成長経営から自転車操業へと「退化」してしまっているのです。

この会社は成長経営を維持していく力、緻密な計画的経営の力が不十分であるのに、巨額の投資をしてしまって無計画なＤＢＫの経営に「退化」してしまったといえるでしょう。

損益計算書ではこうしたことは分かりません。損益計算書を時系列に並べて収益性、コスト分析をする人は多くいますが、貸借対照表を並べてその会社の成長と進化を見ようとする人はほとんどいません。

実は進化していない箱型バランスシート

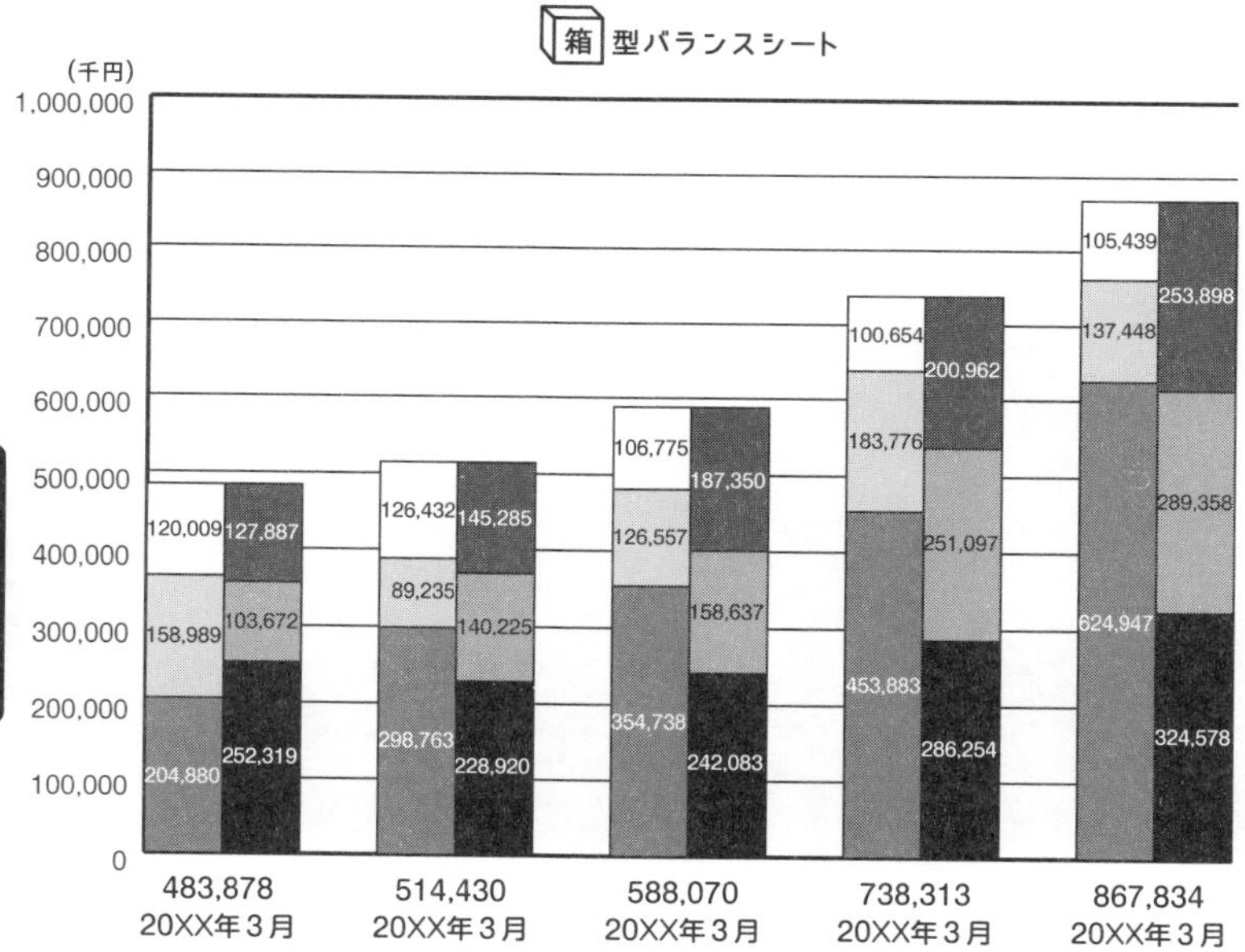

お金持経営から自転車操業へ退化

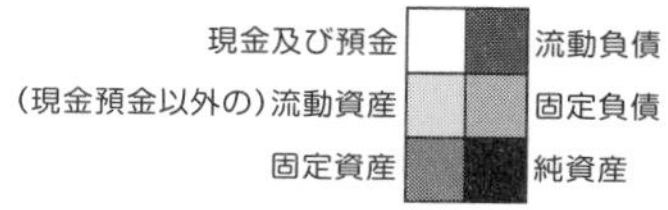

繰り返しますが、損益計算書を並べただけでは、会社がどこへ向かうべきなのか答えは得られず、目標の見えないあいまいな事業計画しかつくれません。その結果、「売上高前年比120％」とか、「営業利益前年比30％増」など、具体的な根拠のない根性論の事業計画が出来上がってしまいます。

一番問題なのは、**お金のことを考慮しない事業計画しか立てられない**ことです。

しかし、貸借対照表を並べて見た場合は、

債務超過→自転車操業→安定経営→成長経営→お金持経営→金慢経営

という成長と進化の流れが明確なので、もし会社が自転車操業のレベルにいるならば、まずは安定経営のレベルに進むことが必要であると明確に分かります。

また、今のところ安定経営にあるのだけれど、どうもこのままでは自転車操業になりそうだと考えられるのならば、これを立て直して成長経営に向かうための基盤づくりをすることを目標に事業計画を立てることができます。

「債務超過」「自転車操業」の会社は、「安定経営」を目指して一歩一歩進化の階段を登らなくてはなりません。

「安定経営」の会社は「成長経営」を目指すことになります。しかしそこには大きな壁があり、大変な意識改革が必要となるので、社長の決断が必要です。

優良会社が、「成長経営」「お金持経営」「金満経営」のどれを選ぶかは経営者の意思と選択の問題となりますが、どれを選ぶかが決まれば、事業計画は明確に立てられます。貸借対照表から自社の進むべき道を確定し、そして副次的に「成長」するのです。

「進化」のためにはいったん資産の縮小（生産設備の合理化による設備の売却・処分、長期の金融資産の整理など）が必要なこともあるかもしれません。「進化」は「成長」よりも重要なのです。

「進化」は、一つひとつ段階を踏んでいかなければなりませんが、**「退化」は一気に起きます。それは「転落」といってもいいものです。**巨大会社の倒産がその例です。

長年実績を積み重ねてきた会社が、突然一晩のうちに倒産してしまう。巨大企業でなくても、うまくいっていると思われていた会社があっという間になくなってしまう。そのような例は、身近にもいくらでもあるのではないでしょうか？

社会経済状況の変化が引き金となっていることもあるでしょうが、多くの場合は、その企業が着実な努力を忘れたことに原因があるのです。**やらなければならないことをやらず、やってはいけないことをやってしまった**のです。

会社の進化と成長のためにやるべきことは何か、それは、社長と社員の意識の変化・改革です。

箱型バランスシートを用いた時系列比較

実は社内の意識改革を行ううえでも箱型バランスシートを見ることは有効です。具体的には箱型バランスシートを、プロジェクターなどに映してみながら複数の部門の人を交えて、ディスカッションするのです。

経理部門以外の人は数字に抵抗があったりして、社員同士でバランスシートを見て議論をすることは通常ありません。

しかし、誰にでもすぐ読める箱型バランスシートを使えば、その壁を克服でき、**社内の英知を結集した経営の分析**が可能になります。

事実、箱型バランスシートを前に議論してみると、営業の現場や製造の現場の人たちから思いもかけない意見や解釈が飛び出し、新たな視点や事実の指摘も出されて、今までにない活発なディスカッションができるようになるのです。

会社の進化を推進するものは何なのか、それを妨げるものは何なのかをディスカッションによって探っていきましょう。

箱型バランスシートのタイプに進化（債務超過→自転車操業→安定経営→成長経営→お金持経営→金満経営）が見えて純資産が増加している場合は、会社の内部管理が改善され、それが功を奏している状況といえます。

貸借対照表が進化していながら純資産が減少している場合は、進化のための施策によってコストが増加して損失が発生したことが考えられます。

特に安定経営から成長経営への進化が見られる場合は、その会社のなかで大きな改善・改革が進んでいることが分かります。

進化と逆方向に向かっている場合は、会社の内部で良くないことが起こっていることを意味します。もし、純資産の減少を伴っているならば、かなり大きな危機が訪れています。社内の衆知を集めてその事実と原因を究明しなければなりません。

また、貸借対照表の変化は通常は緩やかですが、それがどのようなものであれ急激な変化が見られた場合はその原因を確かめる必要があります。

そのためには多くの部門の人たちの現状認識を確認しなければなりません。そのきっかけを**箱型バランスシートによるディスカッション**が提供します。

変化の原因を明らかにした後、いい変化であればそれを維持し、さらに加速させ、悪い変化であれば早急な対策を講じます。

バランスシートは会社のすべての部門活動の過去の累積であり現在の集積です。できるだけ多くの部門の人々を巻き込み検討していくことが必要です。

第3章のポイント

1 債務超過

特徴　純資産がマイナス

問題　現実逃避

2 自転車操業

特徴　純資産がプラス
流動資産＜流動負債

問題　高コスト体質
売上拡大至上主義

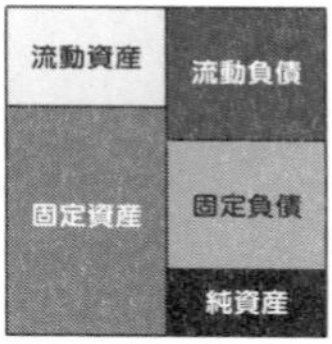

3 安定経営

特徴　純資産がプラス
流動資産＞流動負債
流動資産＜負債合計

問題　KKD・GNNへの
依存とDBK

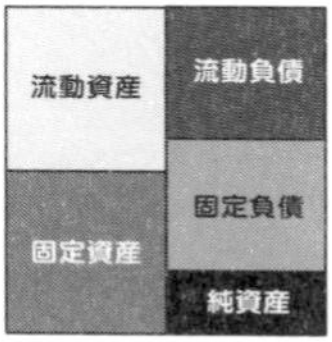

4 成長経営

特徴　純資産がプラス
流動資産＞負債合計
現金預金＜流動負債

問題　VMCによる会社の統合

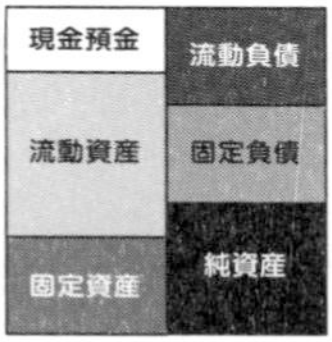

5 お金持経営

特徴　純資産がプラス
流動資産＞負債合計
現金預金＞流動負債
現金預金＜負債合計

問題　減点主義の蔓延

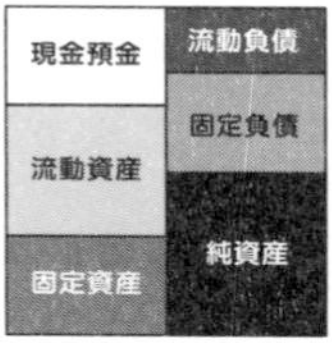

6 金満経営

特徴　純資産がプラス
現金預金＞負債合計

問題　老害企業化のおそれ

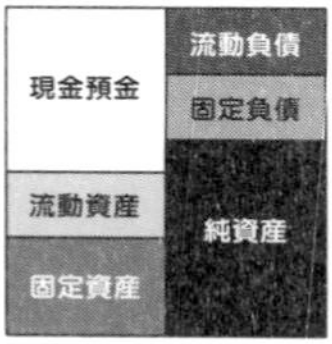

第4章

経営分析指標によるバランスシートの分類

ここまで箱型バランスシートを使った会社のタイプ分けとそれぞれの会社の特徴を見てきました。一方で、同じように会社の経営状況等を把握する方法として、**経営分析**という手法があります。

バランスシートの数値を元に、いくつかの指標を用いて（これを**経営分析指標**といいます）、文字通り、経営の分析を行うのですが、本章ではこの6つの経営分析指標によって、バランスシートを前章で説明した6つのタイプに分類する方法について解説します。

6つの経営分析指標が一定の数値を超えるかどうかで、債務超過→自転車操業→安定経営→成長経営→お金持経営→金満経営の順に分けられるのです。

その意味では、本章の内容は、箱型バランスシートによるタイプ分けの応用編とも言えます。そのため、早く実際のバランスシートを箱型にして分析したいという人は次章に進んでいただいてもかまいません。ただ、これから紹介する経営分析指標を理

$$自己資本比率 = \frac{純資産}{負債 + 純資産}$$

解しておくことは、箱型バランスシートを読む際にも、その会社の状態をより深く知ることにつながります。是非チャレンジしてみてください。

①自己資本比率はプラス？

自己資本比率は、最も基本的な経営分析の指標ですが、バランスシートを6つのタイプに分けるための最初のチェック項目でもあります。

事業のために集めてきたお金（負債＋純資産）のうち、取引先や銀行に返さなくてもいいお金（純資産）がどのくらいあるか、その比率を表すため、この比率が高いと、資金繰り的により安全であることがわかります。

また負債と純資産の合計が資産ですから、自己資本比率は上のようにも表すことができます。

$$\text{自己資本比率} = \frac{\text{純資産}}{\text{資産}}$$

現金預金と将来会社に入ってくるお金の合計額（資産）のうち、将来手元に残るお金（純資産）がどれぐらいあるかがわかります。投資したお金が将来手元に多く残ったほうが会社は安定するのはいうまでもなく、この観点からも自己資本比率はできるだけ高いほうがいいといえるでしょう。

自己資本比率は30％以上が望ましいとされていますが、マイナスにならないことが重要です。**この指標がマイナスの会社は「債務超過」**、プラスならばそれ以外のタイプということになります。

あわせて時系列で見て自己資本比率が増加しているかどうかに気をつけてください。自己資本比率が増加しているということは、会社の利益が上っている、資産が増加している、負債が減少し

自己資本比率が高い良い会社

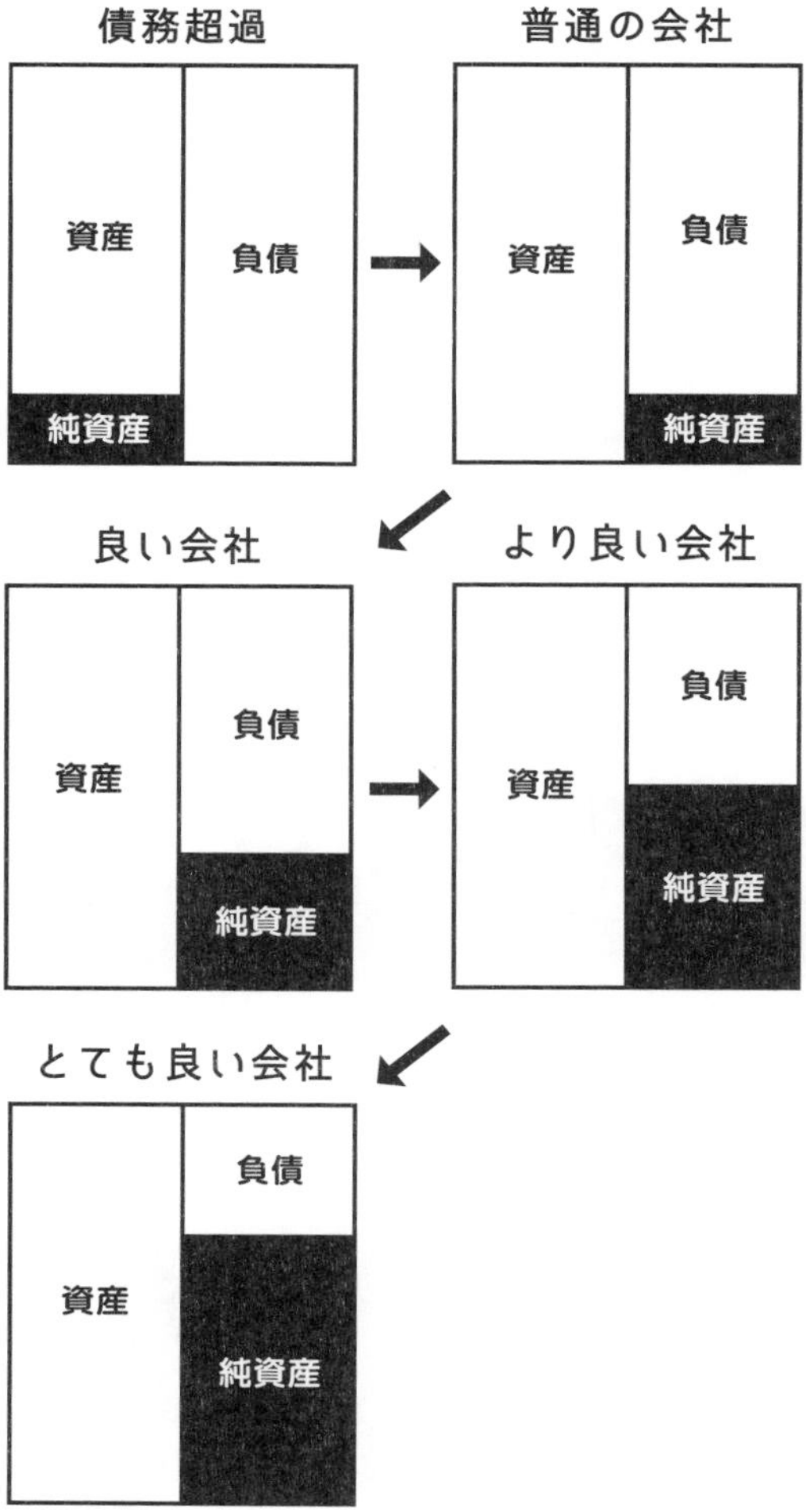

ているということであり、会社の持つパワーが増していることがわかります。

読者の中には**純資産**と**自己資本**はどう違うのか、と思う人もいるでしょう。厳密なことを言えば違うのですが、同じものと考えて問題ありません。

以前はこの**純資産**（＝資産－負債）を**自己資本**と呼んでいたのです。

会計学的には純資産と呼ぶことが正しいとなったのですが、今でも経営分析の本では〝**純資産比率**〟とは呼ばずに〝自己資本比率〟と呼んでいるので、本書でも〝自己資本比率〟としています。

負債＝他人資本（返さなくてはならないお金）に対して、純資産＝自己資本（返さなくてもいいお金）という区別を強調した言い方であると考えてください。

②流動比率は100％以上？

次のチェック指標は、**流動比率**です。

流動比率は、会社の短期の資金繰りの安全性を見る指標です。

$$\text{流動比率} = \frac{\text{流動資産}}{\text{流動負債}}$$

流動資産は1年以内に会社にお金が入ってくる資産であり、流動負債は1年以内に会社からお金が出ていく負債ですから、流動比率は1年以内に入ってくるお金と1年以内に出ていくお金の比率ということになります。

この指標は、**100％以上かどうか**がとても重要です。

流動比率が100％を切っている（流動資産が流動負債より小さい）場合、その会社は資金繰りに苦しんでいます。純資産がプラスであり、債務超過でないならば、**「自転車操業」に分類されます。**

流動比率が100％を超えている（流動資産が流動負債より大きい）場合、少なくとも1年以内に倒産することはないでしょう。6つのタイプでは「安定経営」以上の会社です。

$$固定長期適合率 = \frac{固定資産}{固定負債 + 純資産}$$

流動比率同様に資金繰りの安定性を表す指標として、固定長期適合率があります。

この指標も100%を超えているか否かが重要です。100%を超えているとは、固定資産が固定負債と純資産の合計より大きいということであり、設備投資等の長期の投資の資金を短期の資金で調達していることを意味しています。

流動比率が100%以上の貸借対照表と、固定長期適合率が100%よりも低い貸借対照表は同じものです。箱型バランスシートを見れば、流動比率が100%を切っている貸借対照表と、固定長期適合率が100%を超えている貸借対照表が同じであることが分かります。

流動比率＞100％＝固定長期適合率＜100％

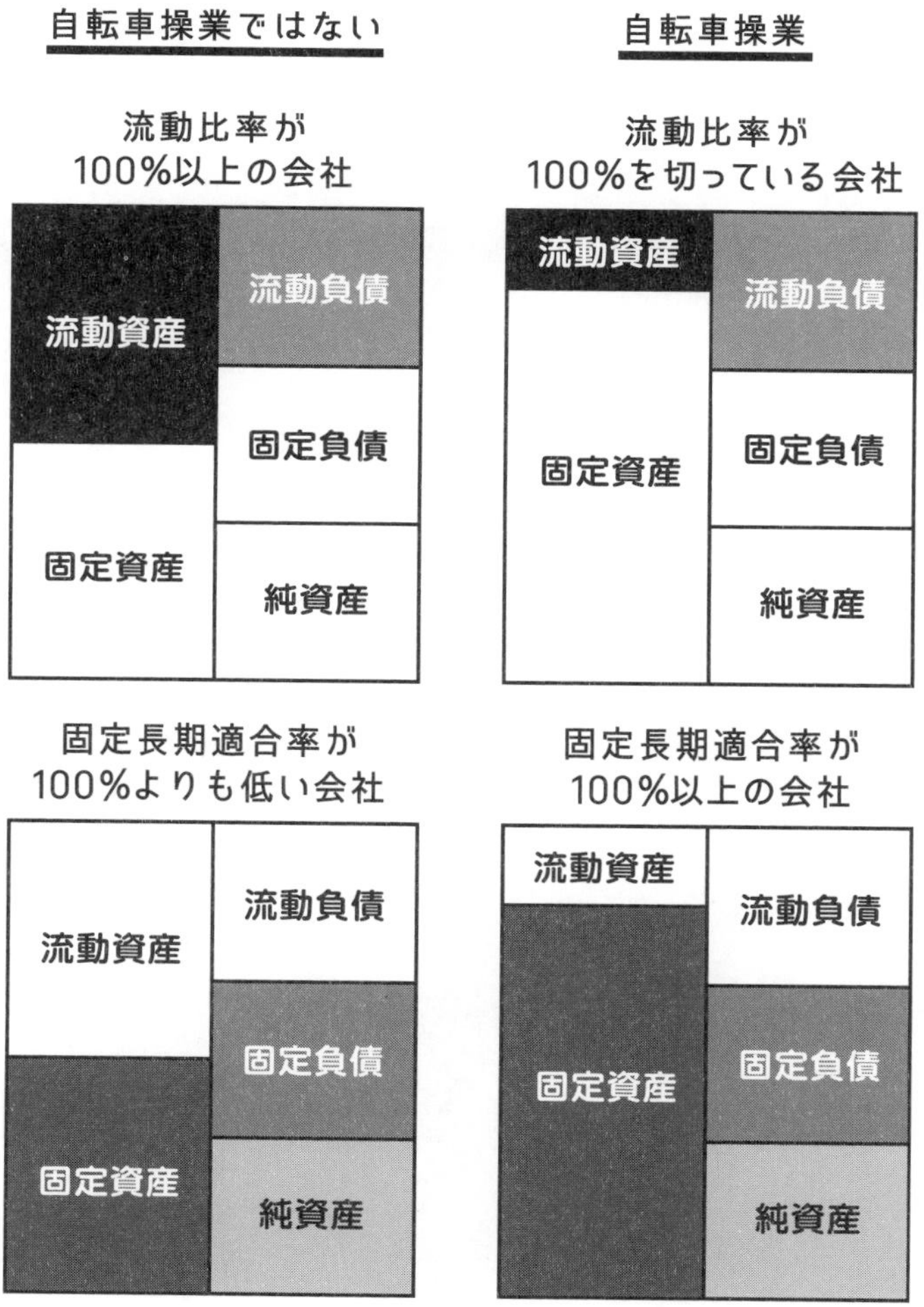

$$固定比率 = \frac{固定資産}{純資産}$$

流動比率が１００％を超える＝固定長期適合率が１００％未満→安定経営以上
流動比率が１００％を切る＝固定長期適合率が１００％を超える→自転車操業

という関係があります。

③固定比率は100％より低い？

固定比率は会社の長期的な安定性を見る指標です。

この分析指標も１００％が分岐点です。固定比率が１００％を超えているということは、長期的に入ってくるお金（固定資産）を負債の返済にあてなければならないということであり、固定比率

固定比率は低いほど良い

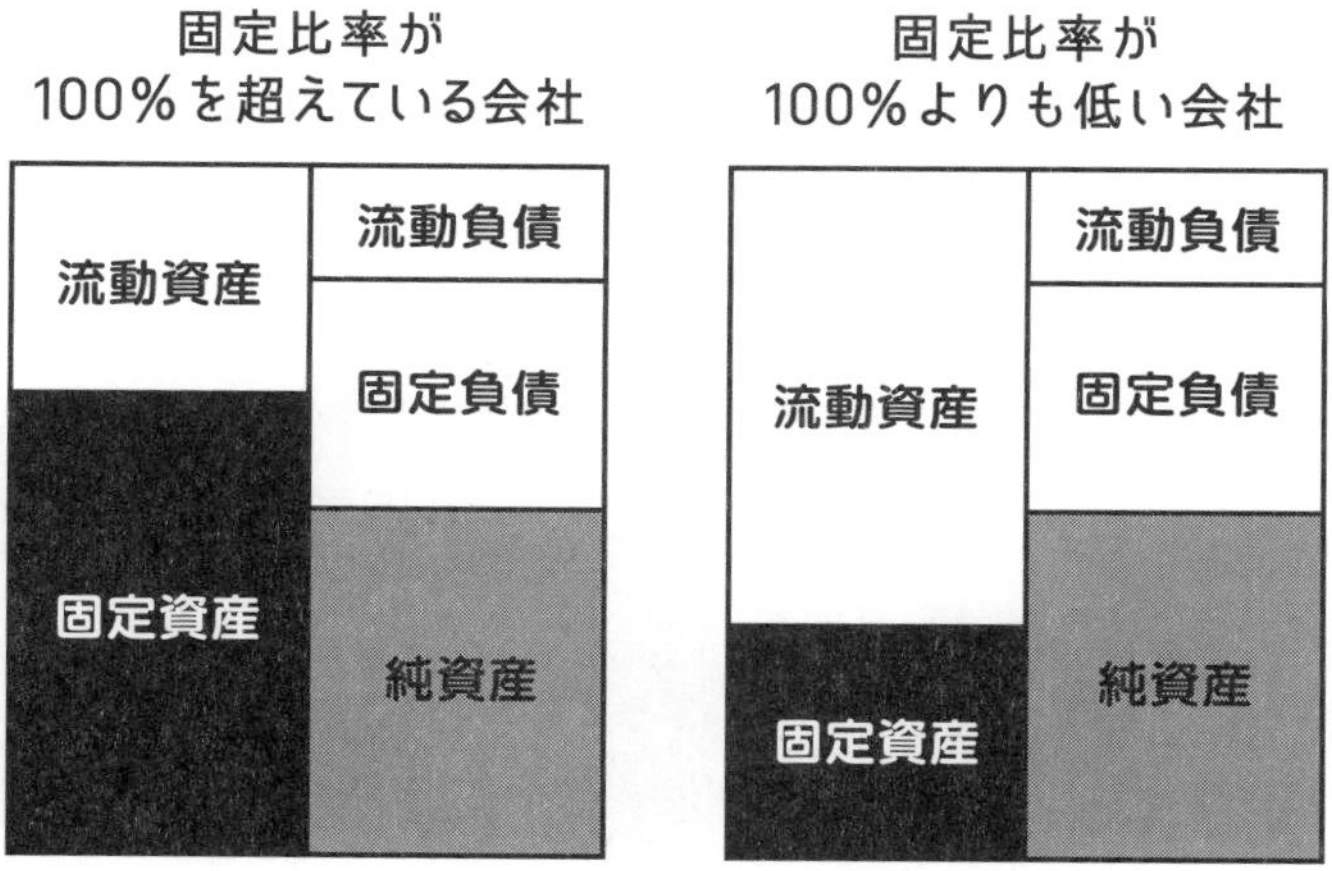

が大きければ大きいほど資金繰りは厳しいといえます。

債務超過や自転車操業には当てはまらず、**固定比率が１００％を超えているならば、「安定経営」の会社となります。**

一方、固定比率が１００％よりも低ければ、長期的に入ってくるお金を一切返済に回す必要がなく、すべての負債を1年以内に入ってくるお金で支払えます。手元のお金が増えるばかりとなり資金繰りはとても楽になります。実際のところ、この固定比率が１００％より低い会社はめったになく、相当の「優良会社」ということができるでしょう。６つのタイプでいえば、「成長経営」以上の会社です。

④現金預金流動負債比率は１００％以下？

現金預金流動負債比率は文字通り、**現金及び預金と流動負債との比率**です。比率が高いほど、すぐ使える現金預金が多いということであり、資金繰りに余裕がある会社といえます。

$$\text{現金預金流動負債比率} = \frac{\text{現金及び預金}}{\text{流動負債}}$$

ただし、現金預金は持っているだけでは新たなお金を産みません。また、お金をそのまま持っているということは物価が上がると貨幣の価値が下がるため、リスクの要因になります。投資家からは、現金預金を必要以上にたくさん持っている会社は稼ごうとする意識が低いとみられて敬遠されてしまうでしょう。

したがって、この指標は高ければ高いほど良いとは言えません。

現金預金流動負債比率は、その会社の**投資リスク選好**（リスクを取ってより高い利益を得る意志）の度合いと考えられます。この比率が低いほど投資リスク選好が高いということであり、リスクの高い投資に果敢にチャレンジする、より積極的に投資を行うということがいえます。

現金預金流動負債比率が100%以下の会社は「成長経営」タイプです。そのままではお金を産まない現金預金をできる限り持たずに、新たなお金を産む資産に積極的に投資して、お金を稼いでいる会社です。発展途上でどんどん投資して事業を拡大しているといえます。

しかし、会社の規模が大きくなると、当然さまざまなリスクに備えるため現金預金をたくさん持っておく必要があります。そうして投資よりもリスクに備える意識が強くなると、現金預金流動負債比率は高くなり100%を超えます。100%を超える会社は「お金持経営」の会社です。

この指標が100%超ならば、すぐにでも流動負債を全部返せる状況にあり、資金繰りでほとんど問題は起きない状態といえます。リスクへの対応も容易であり、例えば、大きな事故が起きて工場が稼働できなくなったときや、法令違反を起こしてしまって巨額の損害賠償を課せられたときなど、大きな問題が起きた際には手元のお金ですぐに対応することができるのです。

現金預金流動負債比率で経営タイプがわかる

現金預金流動負債比率が
100％以下の会社

成長経営

現金預金流動負債比率が
100％超の会社

お金持経営

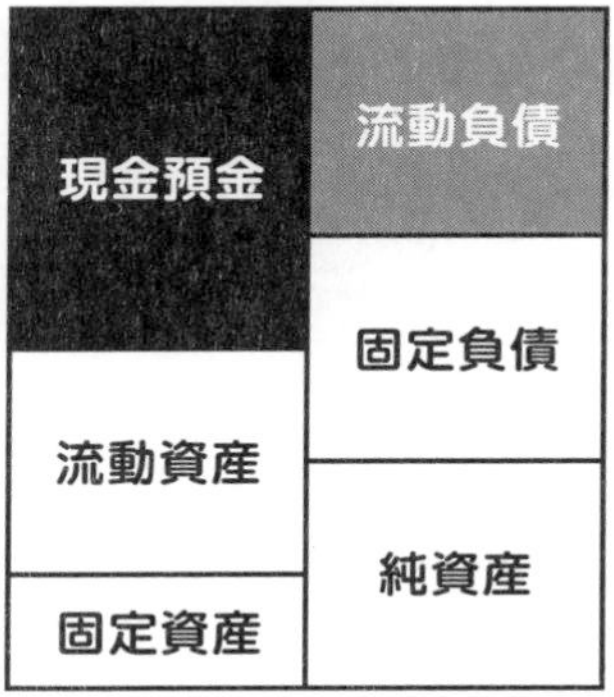

成長経営の会社では（ときに安定経営の会社でも）、現金預金の残高が極端に少ない会社があります。数値では分かりにくいのですが、箱型バランスシートを見ればその少なさは一目瞭然です。

現金預金が極端に少ない会社は、銀行との関係が密接で、現金が必要となったとき、銀行に申し出ればすぐに資金を提供してくれる関係になっています。銀行の金庫がこの会社の金庫のような感じになっています。

現金預金は緊急事態が起きた場合の緩衝材にもなるものですが、こうした会社は現金預金を最低限しか持たないため、成長経営（あるいは安定経営）でありながら、自転車操業のような資金繰りをしています。もっとも、それで倒産する危険は少ないのですが、財務担当者は大変です。

⑤現金預金負債比率は１００％超？

現金預金負債比率です。

この値が１００％を超えるということは、持っている現金預金の金額が負債の総額

$$現金預金負債比率 = \frac{現金及び預金}{流動負債 + 固定負債}$$

を超えるということであり、払おうと思えばすぐに負債全額を一気に返せる状況にあります。実質的に無借金経営の会社であり、**「金満経営」**に分類されます。

さらに安全性を高めれば、負債がほとんどなくなり資産≒純資産というところまで到達します。しかし、投資は会社の活力であり、拡大発展の意思の表れでもあるので、そこまではせず、もっとリスクを取って投資をしたほうがよいでしょう。

第4章のポイント

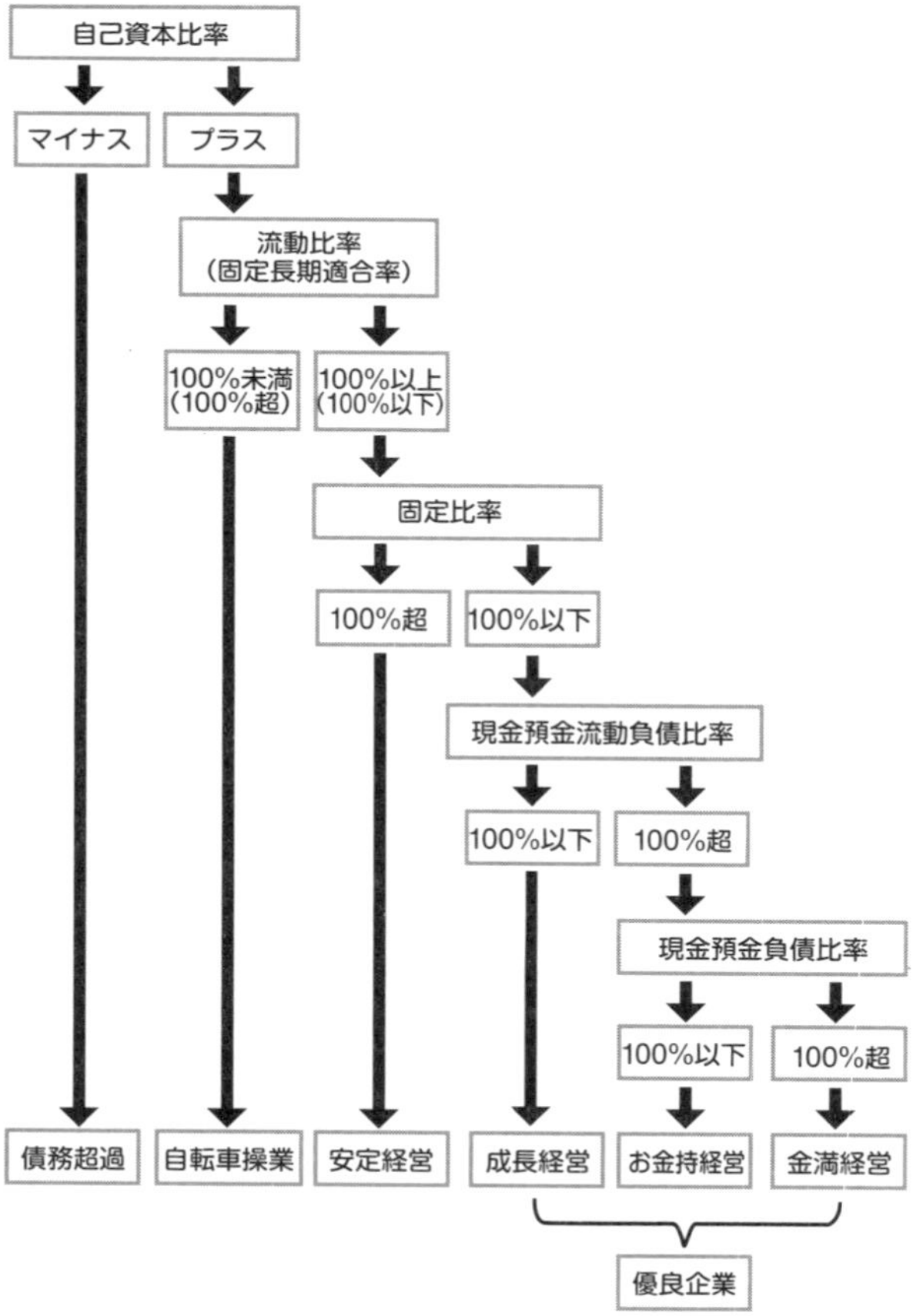
自己資本比率
マイナス
プラス
流動比率
（固定長期適合率）
100%未満
（100%超）
100%以上
（100%以下）
固定比率
100%超
100%以下
現金預金流動負債比率
100%以下
100%超
現金預金負債比率
100%以下
100%超
債務超過
自転車操業
安定経営
成長経営
お金持経営
金満経営
優良企業

第5章

実際の企業を箱型バランスシートで見てみよう

第5章では、実際の企業を箱型バランスシートによって見てみましょう。EDINET（Electronic Disclosure for Investor's NETwork）より得た、各企業の有価証券報告書から箱型バランスシートをつくって、過去の5期分の貸借対照表を時系列に並べてみました。損益計算書の売上高や利益の推移だけでは見えなかった、企業の成長と衰退、そして進化の動きがダイナミックに見えてくるはずです。

なお、各企業の直近の動向を知りたい方は、ぜひ次章で紹介するシートを使って、数値を入力してみてください。

いすゞ自動車

安定経営から成長経営への確実な成長と進化

いすゞ自動車株式会社は東京証券取引所1部上場で、主にトラック、バスの商用車を製造販売している日本有数の自動車メーカーです。

いすゞ自動車

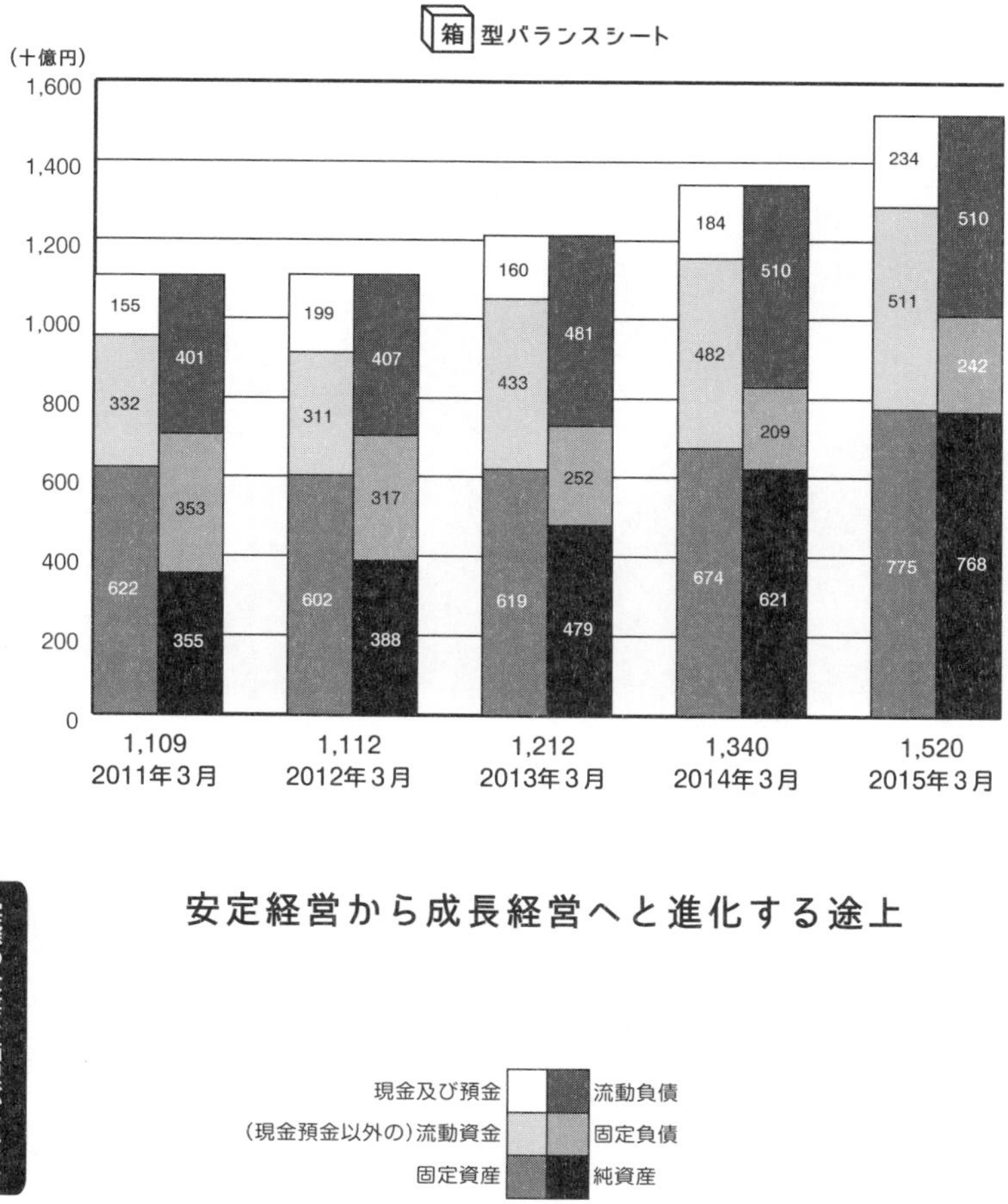

安定経営から成長経営へと進化する途上

箱型バランスシート（単位十億円）から、2011年3月期は**安定経営**でしたが、その後現金預金と流動資産が増加し、2015年3月現在、流動資産合計が負債合計を超える**成長経営**へと進化する途上にあることが見て取れます。

5年間で総資産・純資産が大きく増加する一方、固定負債は減少し、総資産に占める純資産の割合（自己資本比率）が大きくなっています。財務体質が大きく改善しているということです。

2013年3月期にその拡大・進化が始まっており、この期に経営上の大改革を成し遂げたものなのでしょう。

たまたま売上が増えただけでは、こうした結果は得られません。社内管理体制の徹底した整備や新たな投資、事業開発によって計画的に会社の収益性を高めてきたものと思われます。

上場企業であり、もともと管理体制はしっかりしているはずなので、これがさらに高度化し、効率・効果とも大きく高まったと見ていいでしょう。

教科書に載せたいような素晴らしい会社の成長と進化の軌跡です。

オイシックス

成長経営から金満経営への急速な成長

オイシックス株式会社は、有機・無添加食品のインターネットによる通信販売を行っている会社です。２０１３年３月東証マザーズへの上場を果たしました。

箱型バランスシート（単位百万円）の推移を見ると、会社はなんと上場前から**お金持経営**の状態です。自己資本比率が50％を超えています。２０１３年に上場して資金がさらに潤沢になると、一気に**金満経営**と進んでいます。

２０１５年現在、自己資本比率は63％となっています。自己資本が潤沢にあって、長期のお金を借りる必要がないことから、固定負債が極端に少ないのが特徴といえるでしょう。

２０１１年３月に11億９９００万円だった純資産は、２０１３年の株式上場を経て２０１５年３月には37億７７００万円と、なんと３倍以上に増加しています。総資産も同じく23億４０００万円から63億３１００万円へと、およそ３倍の伸びを見せています。

株式公開を成し遂げるためには、ＫＫＤとＤＢＫ（どんぶり勘定）の経営から、データと事実と論理の経営への転換が求められます。

この会社は入念な準備により、２０１１年には上場前に経営管理の大転換を果たしているようです。上場後は、得られた資金を無駄なく効果的に活用して、さらに大きな拡大・進化を遂げているものと思われます。

オイシックス

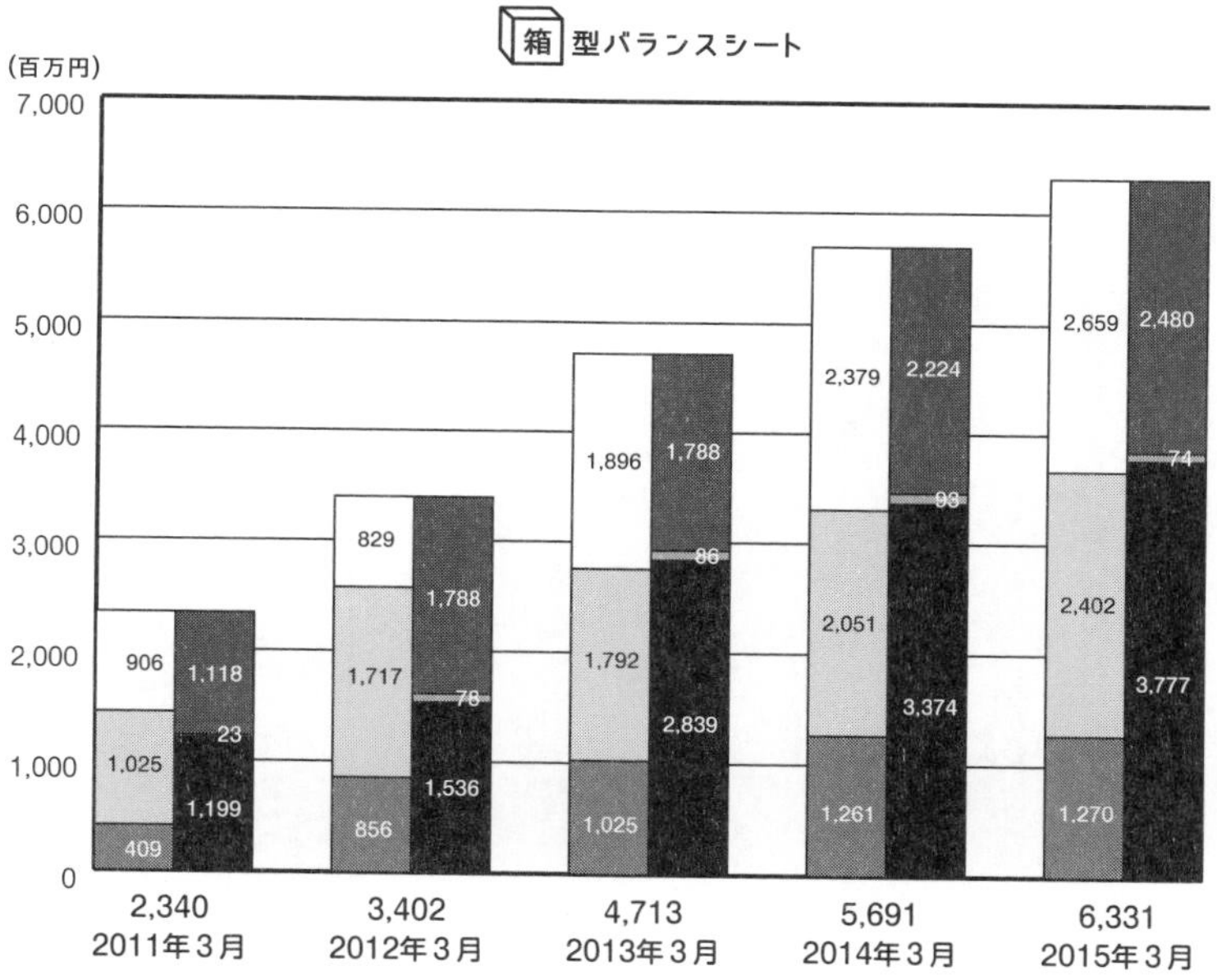

成長経営から金満経営へと急速に成長

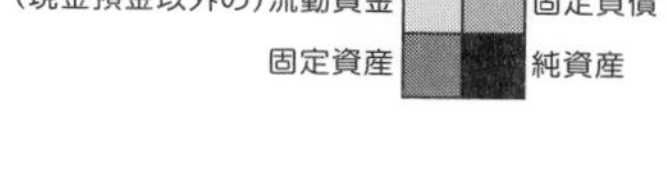

ゼンショーホールディングス

自転車操業……今後はどうなる?

株式会社ゼンショーホールディングスは、牛丼の「すき屋」、「なか卯」、ハンバーグ・パスタの「COCO'S」、和食の「華屋与兵衛」、回転ずしの「はま寿司」などの外食産業、さらにスーパーマーケットの「マルヤ」などの子会社を傘下に持つ持ち株会社です。

箱型バランスシート(単位十億円)を見ると、この5年間ずっと流動資産より流動負債が大きい**自転車操業**の状態です。しかし、自転車操業の会社によく見られる資産の急激な拡大は見て取れないどころか、2015年3月期には資産・純資産が減少しています。2014年の流動比率と自己資本比率の改善は増資によるものであって、業績の改善によるものではありません。

ゼンショーHD

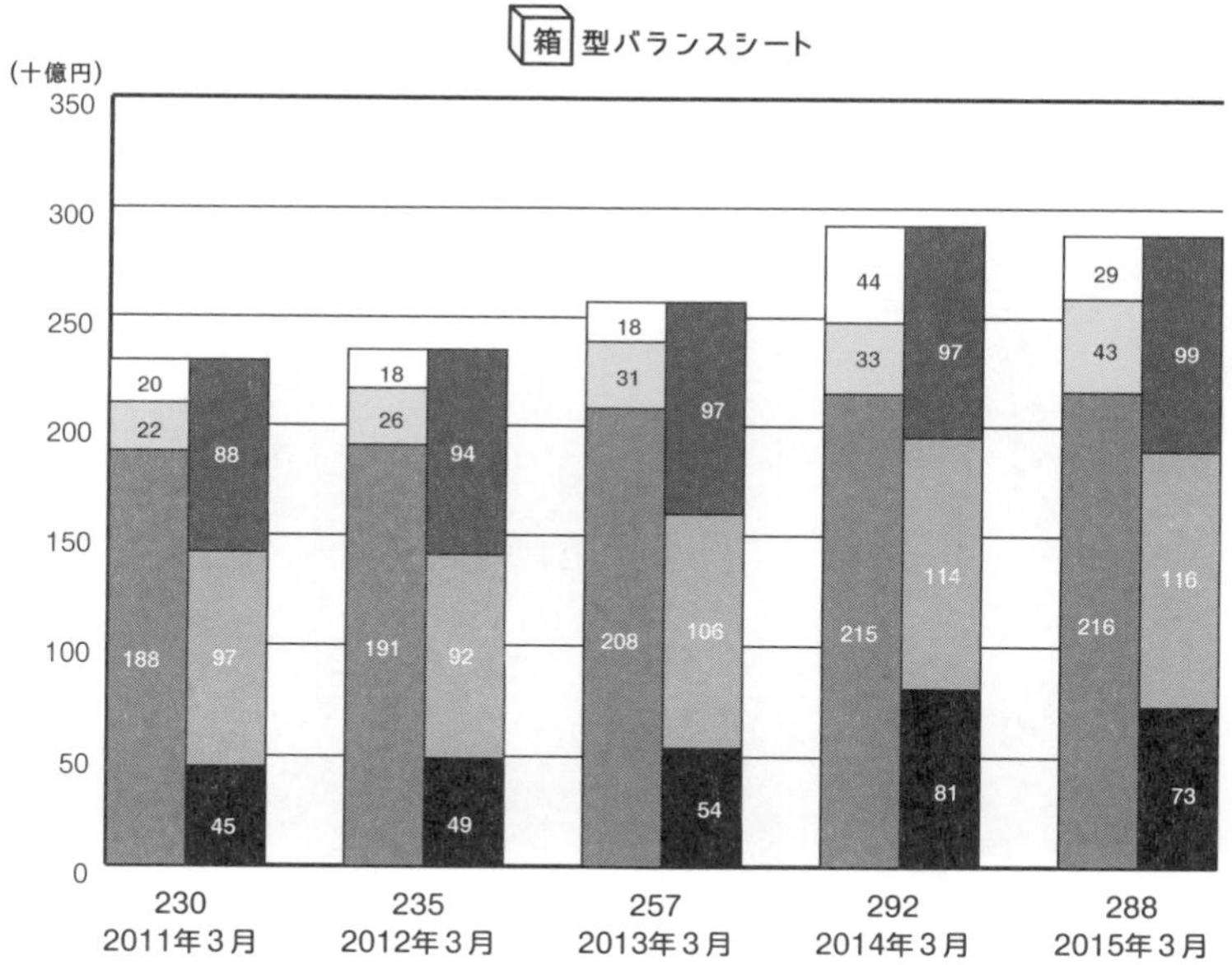

売上も伸びず、衰退気味の自転車操業

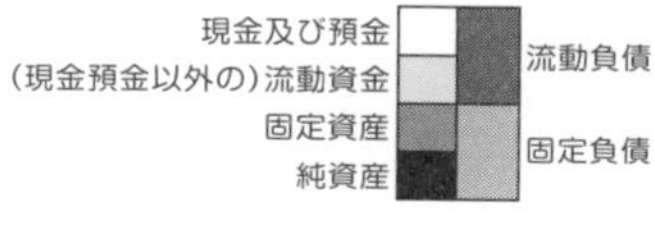

拡大志向のあまり、ブラック企業と呼ばれて業績にストップがかかり、大きな損失を出したのが2014年です。これまでは厳しい資金繰りを売上拡大でなんとかカバーしてきたものの、ここでいったんストップした模様です。

パナソニック

自転車操業から安定経営へ復活

パナソニック株式会社（旧社名・松下電器産業株式会社）は、日本の大手総合電機メーカー8社（日立製作所、東芝、三菱電機、ソニー、シャープ、日本電気、富士通、パナソニック）のひとつであり、三洋電機やパナホームなどを傘下に持つ事業持ち株会社です。創業者はご存知〝経営の神様〟、松下幸之助氏です。

箱型バランスシート（単位十億円）の推移を見ると、2011年3月の安定経営から2012年、2013年に一度**自転車操業**へ落ち込んでいます。この間、資産、負債、純資産がすべて縮小しています。損失を覚悟のうえで不要な資産の処分をし、借入金の返済など財務の改革にあてたものと思われます。

事実、この間、子会社の経営統合、大規模な事業再編を行っています。無駄なもの、不効率なものを極限まで切り捨て、キャッシュフローを改善させたのです。

その結果、純資産が増加して、２０１４年には再び安定経営へと戻っています。現預金・流動資産、純資産の増加、つまり業績の向上が見えますので、今後の成長・進化が期待できます。

パナソニック

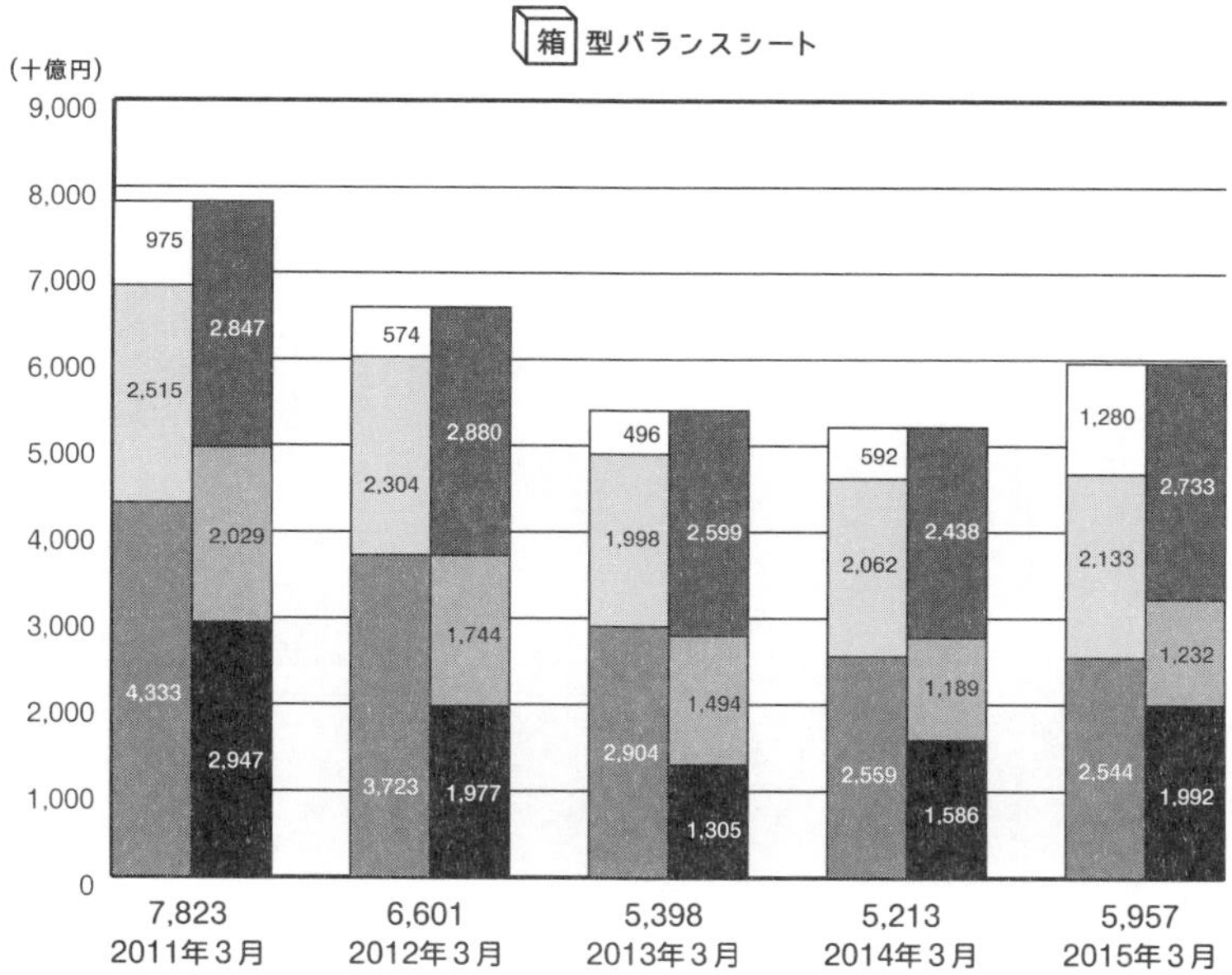

自転車操業への転落から安定経営に復活

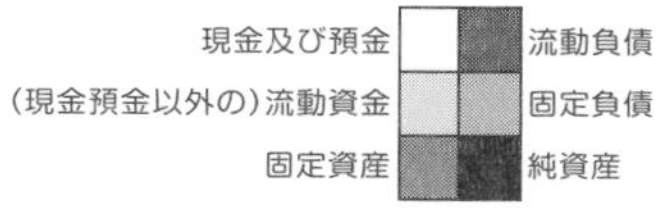

ファーストリテイリング

成長経営からお金持経営へ

株式会社ファーストリテイリングは、ユニクロなどの衣料品会社を傘下に持つ、東証一部上場の持ち株会社です。アジアを中心に海外展開を進めており、その積極的な事業展開は衆目を集めるところです。

箱型バランスシート（単位十億円）の推移を見ると、以前から会社は**成長経営**でしたが、２０１２年８月期に純資産が急激に増加し、２０１３年８月期には**お金持経営**と進化しています。

これは会社が大きく海外展開を始めたことによるものと考えられ、管理体制の強化が進展した結果といえるでしょう。

ファーストリテイリング

箱型バランスシート

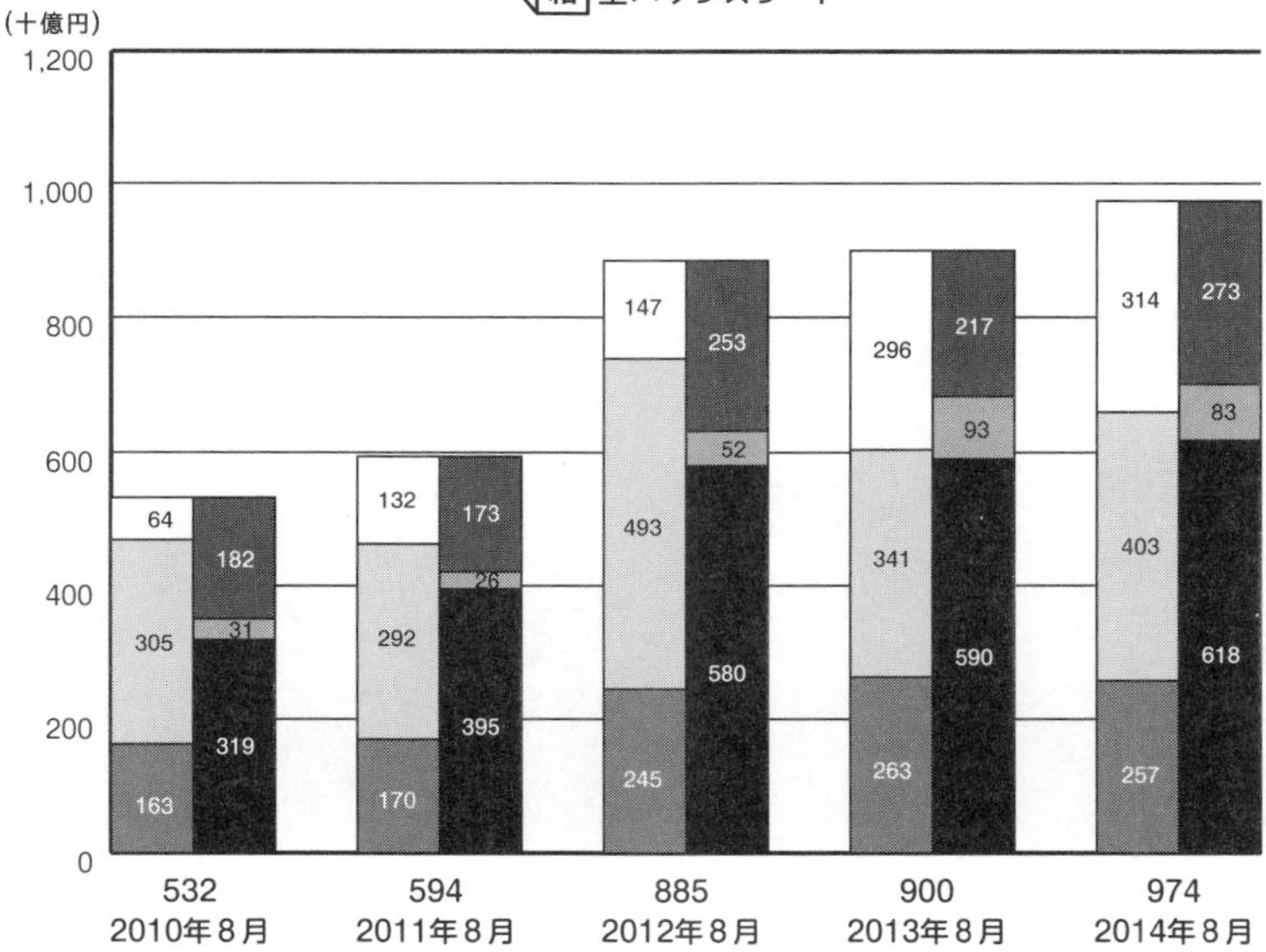

成長経営からお金持経営に進化

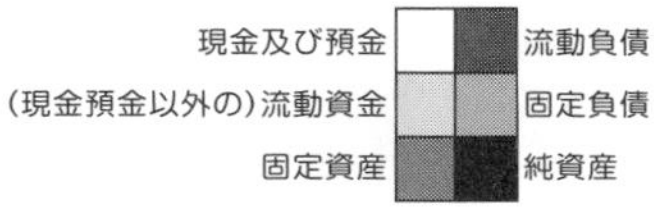

２０１４年になっても拡大・成長は止まっておらず、自己資本比率は６３％を超えています。固定負債も少なく、潤沢な資金が円滑に活用されていると考えられます。多少のリスクを冒しても事業を拡大・進化させるだけの力を十分に持っており、まだまだ成長と進化を続けています。

メガネスーパー

債務超過から脱出を目指す

株式会社メガネスーパーは、メガネ・コンタクトレンズの販売を行う全国チェーン店の業界大手企業です。ジャスダック市場に上場しています。

箱型バランスシート（単位十億円）を見て分かるように、上場企業でありながら、なんと**債務超過**です。純資産がマイナスとなっているため、本来は右側にある純資産が左側にあります。

２０１１年４月期から純資産がマイナスの状況ですが、２０１３年４月期までマイナスの幅がみるみる拡大しています。

これはZoff、JINSなどの低価格販売店が台頭してきたことによる業績の低迷の結果です。２０１４年４月期にわずかながら純資産がプラスになって**債務超過**から脱出できたのですが、翌2015年4月期には再び**債務超過**に戻ってしまっています。会社の総資産も変動しながら縮小・衰退しています。2012年4月期には流動負債が減り、固定負債が増えているので、短期の負債を長期に振り替えたことがわかりますが、純資産のマイナス幅が広がっているので、財務改善には役立っていないようです。

2012年に創業家の役員が退き、投資ファンドの主導による経営再建を図っているのですが、2014年の債務超過解消はそれを目的にした減資によるもので、業績が回復したわけではありません。

2015年4月期の債務超過への逆戻りの結果、東京証券取引所は、同社が上場廃止に係る猶予期間であることを発表しています。

会社は2016年4月期には業績の回復と黒字化、資金調達による債務超過解消を計画していますが、果たして……。

メガネスーパー

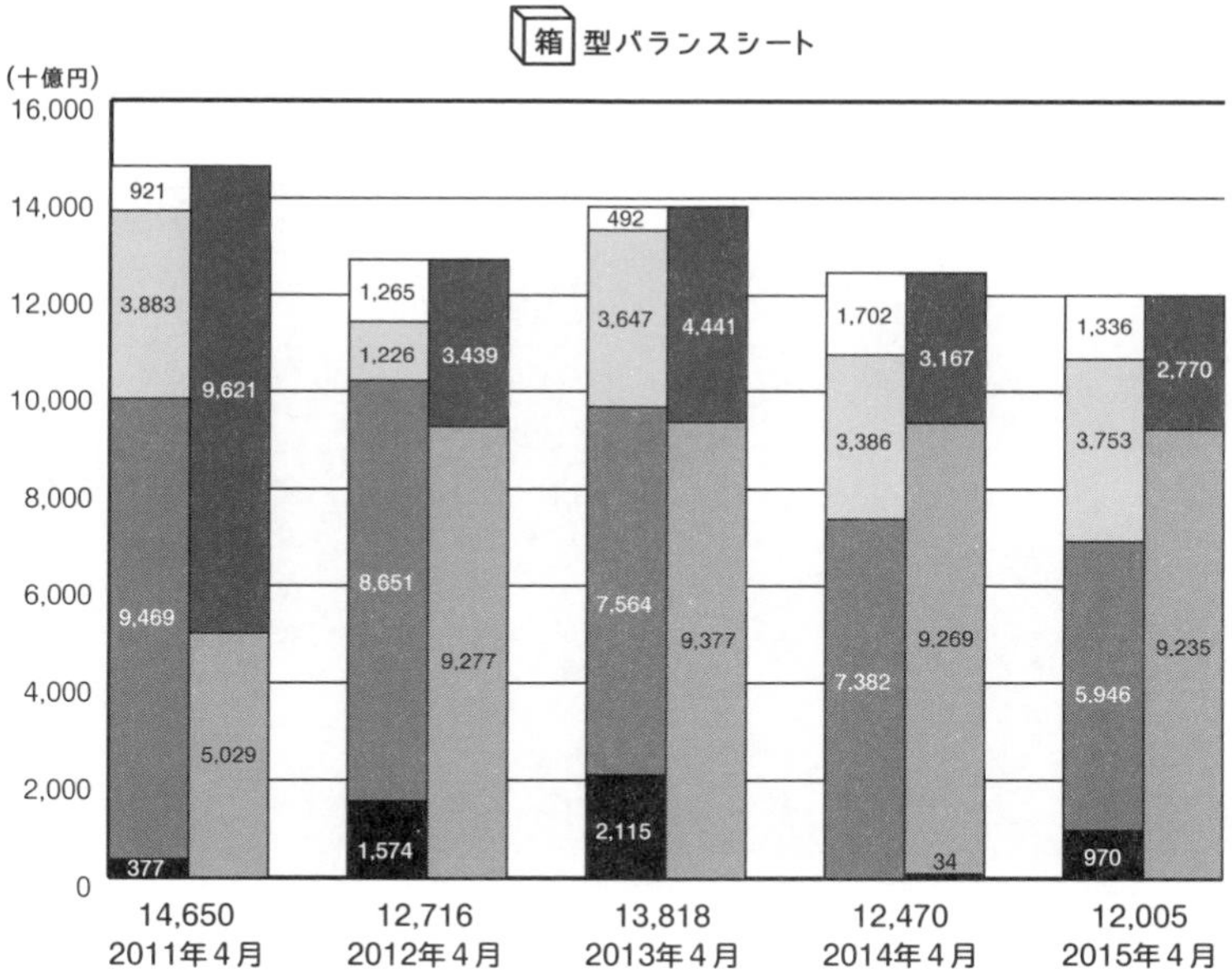

債務超過からの脱却を目指す

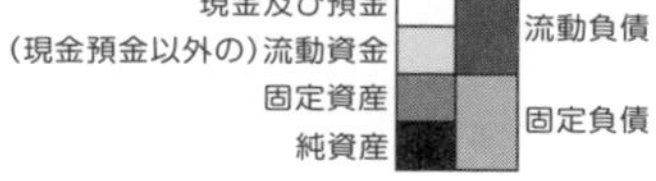

住友不動産

自転車操業から安定経営へ

住友不動産株式会社は、東証一部上場の住友グループ大手不動産会社であり、三井不動産、三菱地所と並ぶ大手総合デベロッパーです。分譲や賃貸などのリテール事業に特に強いといわれており、新宿住友ビル、六本木泉ガーデンタワー、東京汐留ビルディングなどが特に有名です。

箱型バランスシート（単位十億円）の推移を見ると、2011年3月期には**自転車操業**でしたが、その後緩やかに純資産が増加し、流動資産も増え、貸借対照表は**安定経営**へと進化しています。

壮麗壮観なビルをたくさん建て、開発もどんどん進めていた拡大の時期が過ぎ、巡航速度の経営に転換してきたのかもしれません。

不動産業ということで、キャッシュフローは予測可能で安定しているでしょうから、

住友不動産

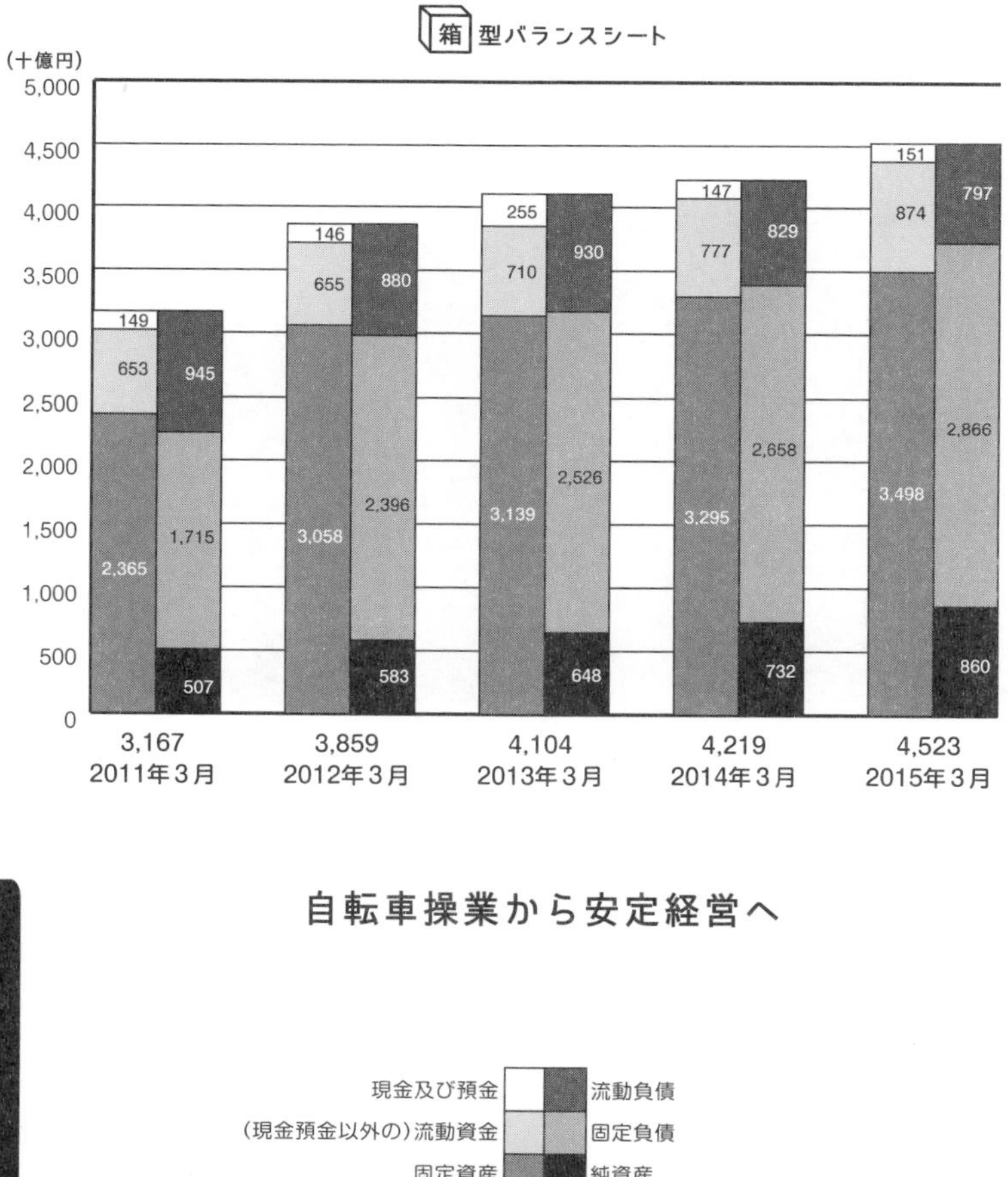

自転車操業から安定経営へ

計画的で安定的な成長と進化が図られているものと思われます。

業種の特性上、短期的な資金はあまり必要とせず、固定資産とその取得の資金をまかなう固定負債が巨額になるのは当然なので、表面上は**安定経営**ですが、会社の実態としては、計画と管理のしっかりした**成長経営**、もしくは**お金持経営**なのではないかと推察されます。計画的な事業運営が可能なので現金及び預金を溜め込む必要もないのでしょう。

東京電力

お金持経営から安定経営へ、このまま衰退か……？

東京電力株式会社は、東日本大震災で大きな事故を起こし、窮地に立っています。

箱型バランスシート（単位十億円）を見ると、総資産14兆円を超える大企業であることが分かりますが、負債も大きく、負債総額は12兆円、純資産は2兆円（総資産の14％）ほどしかありません。巨大な固定設備とそのための固定資金の借入が必要な事業であるためです。

震災後の2012年3月期は純資産が前期のおよそ半分に減っています。それだけではなく、前期まで現金預金が流動負債を超えている実質的な**金満経営**であったものが**自転車操業**へと一気に転落しています。

その後、純資産は回復し、2015年3月期は**安定経営**の状況となっていますが、2011年3月期に2兆2480億円あった現金預金は1兆円以上も減少しています。

資産の大きさだけを見ていたのではこうした状況は分かりません。会社を存続させるために国が支援している状況なので、損益計算書では利益も出ているでしょうが、貸借対照表はひどいことになっているのです。

福島原発事故処理の対応に巨額のお金が必要となっており、それはいつ終わるとも知れない状況です。

東京電力

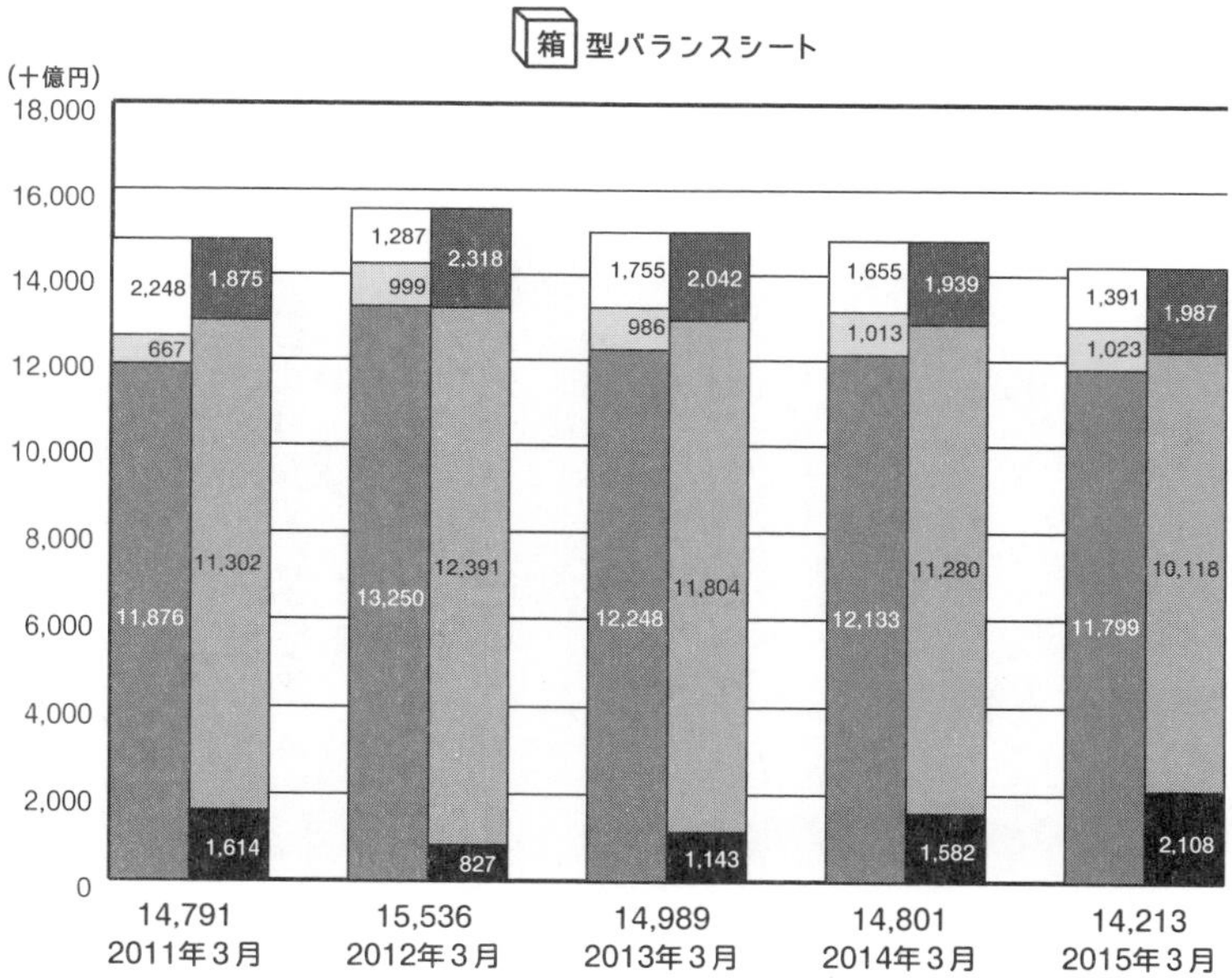

金満経営から一時は自転車操業まで転落、安定経営まで回復

東芝
あれほどの大企業が安定経営……？

株式会社東芝は、パナソニック同様、日本の大手総合電機メーカー8社のうちの一社であり、日本人なら誰もが知る、海外でも名の知れた日本有数の大企業です。

しかし、2015年に発覚した不正会計を修正した後の正しい箱型バランスシートを見ると、あれほどの大企業がなんと**安定経営**です。しかも、現金預金が極端に少ない！

私の経験では、こうした貸借対照表を持つ会社は、住友不動産のように固定資本の大きな企業でない限り、資金繰りを銀行に依存した無計画経営の会社であることが多いものです。天下の東芝がこのような貸借対照表であったのは驚きです。

また、会社は安定的に成長を続けていますが、進化は見られず、ずっと同じ**安定経営**のパターンなのが分かります。躍動感がありません。

東芝

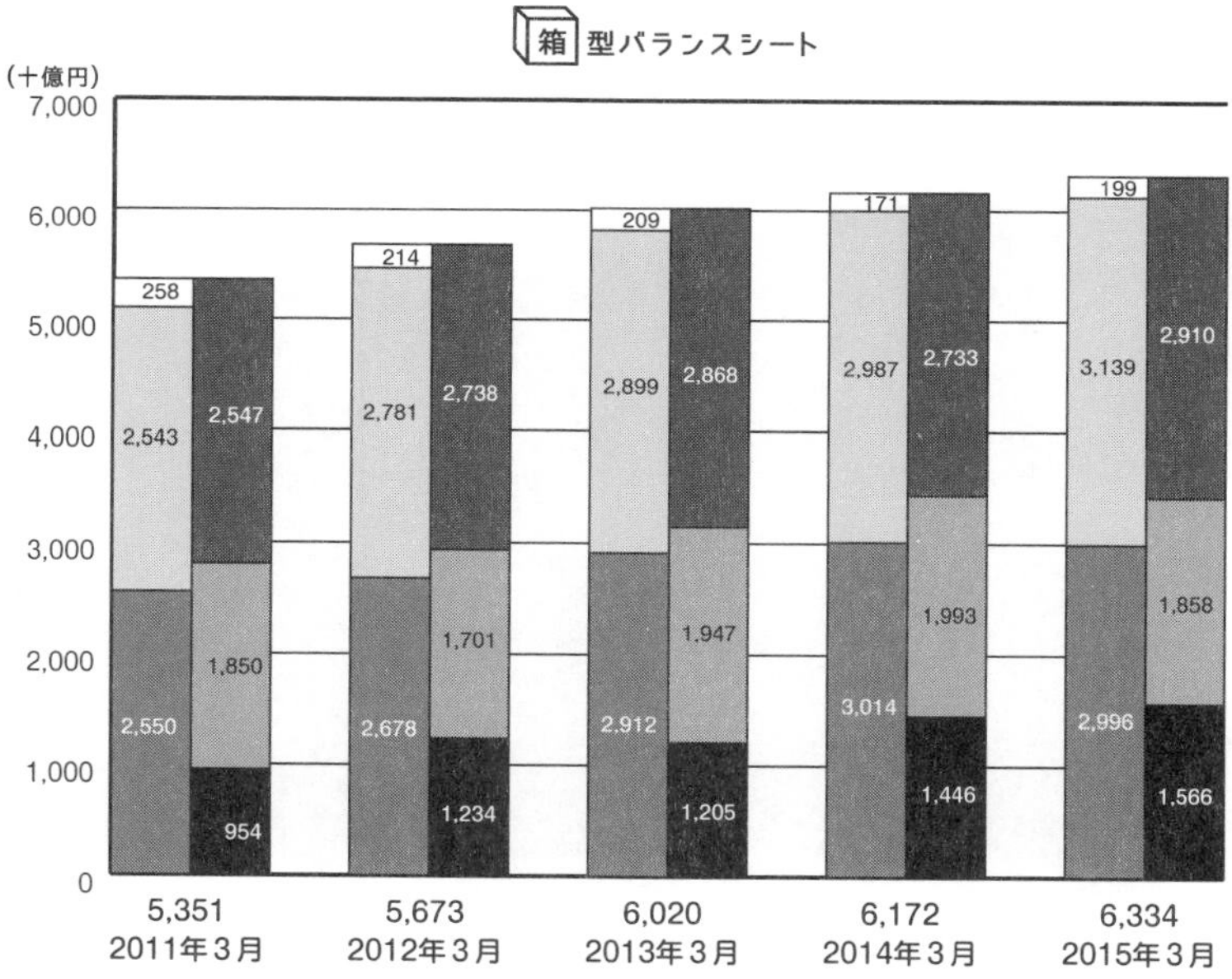

安定経営から進化せず

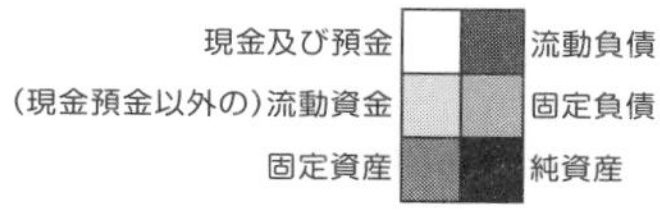

大企業ですから、社内管理体制は相当整備されており、誰がやってもそこそこの業績は得られる**お金持経営**の体制は築かれていると思います。

しかし、社内の精神文化は**安定経営**のＫＫＤ（勘と経験と度胸）、ＧＮＮ（義理・人情・浪花節）、ＤＢＫ（どんぶり勘定）なのではないでしょうか？

データと事実と論理よりも社長の一声が重く、社員は塗炭《とたん》の苦しみを味わいながら不正会計に手を染める……管理会計も内部統制も意味のない形式的なものだったのではないでしょうか？

任天堂

滅多なことでは傾かない金満経営

任天堂株式会社は、ゲーム機ハードウェア、ソフトウェアにおいて総合1位の大企業です。東証一部上場企業です。

自己資本比率が86％と驚異的な高さを誇っています。このような会社は他に例を見ないのではないでしょうか。この会社も固定負債が極端に少なく、資金の潤沢さを物語っています。

箱型バランスシート（単位十億円）を見て分かるように、見事な**金満経営**の会社です。しかし、2012年3月期以降、総資産・純資産が減少を続けており、2015年3月期で少し盛り返したものの、業績がやや低迷しているようです。

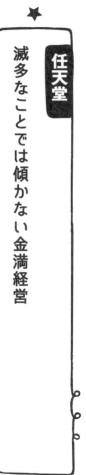

これだけの資金のある会社ですので、滅多なことで会社が傾くことはないでしょう。〝金満経営〟の会社にありがちな多数の法的な問題（著作権・商標権訴訟、独占禁止法違反など）を抱えていますが、潤沢な資金で乗り越えていくのではないかと思われます。

任天堂

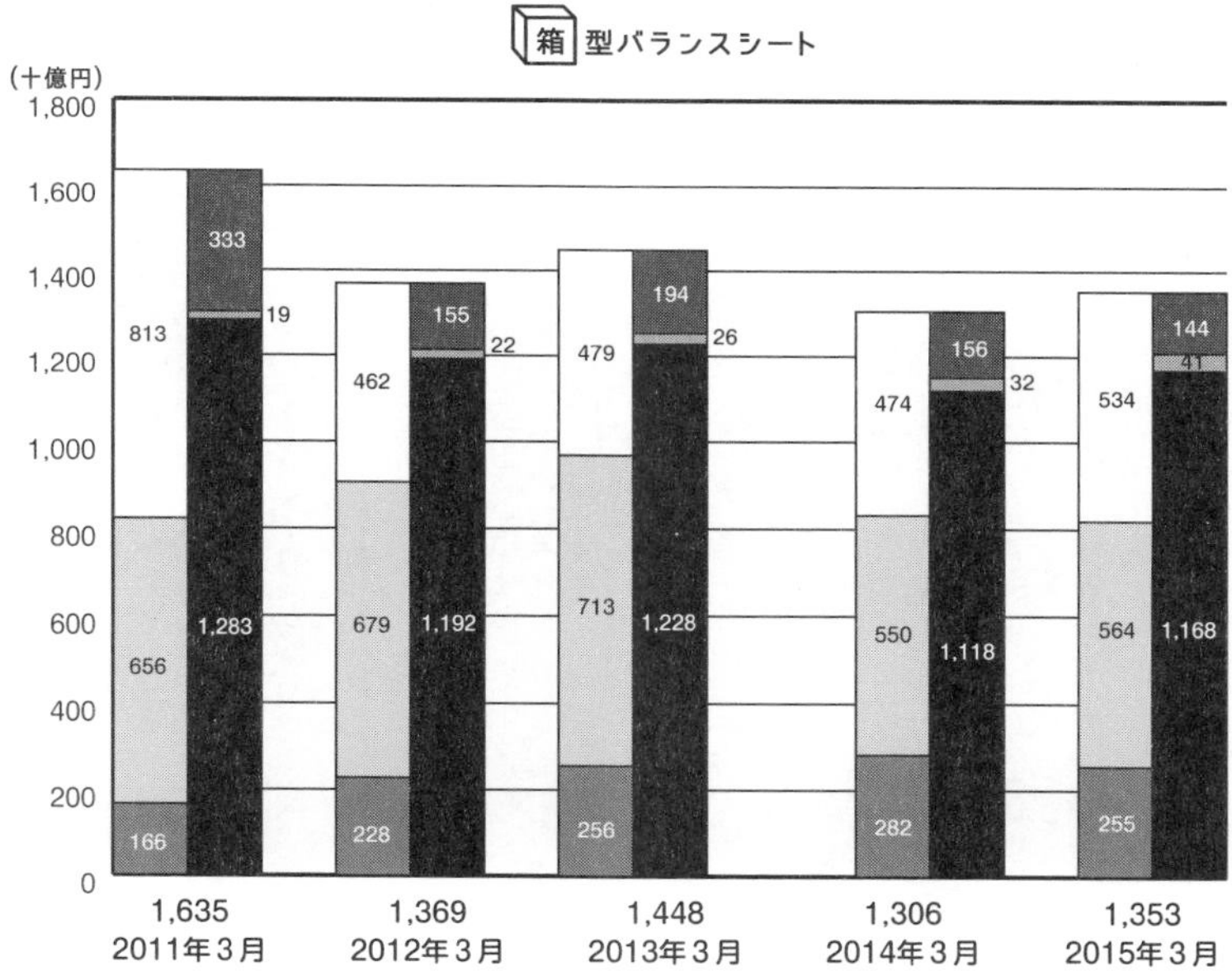

金満経営にやや陰りが見えるが……

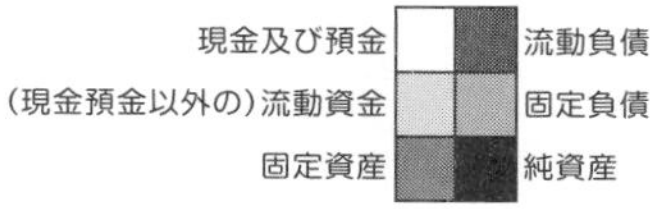

自動車5社

箱型バランスシート比較

最後に日本を代表する自動車メーカー5社の箱型バランスシートを見てみましょう。5社の貸借対照表（2015年3月期）を金額でそのまま比較をすると左ページのようになります。

トヨタの巨大さが、ひと目で分かります。総資産なんと47兆7360億円です。それにホンダ、日産が続きます。総資産はホンダが18兆4260億円、日産が17兆450億円。十分過ぎるほどの大企業ですが、トヨタにはおよそ3倍の開きがあります。三菱自動車もマツダも、総資産がそれぞれ1兆5840億円、2兆2930億円となる大企業ですが、トヨタ、日産、ホンダと同じスケールで比べると、貸借対照表が見えなくなってしまいます。トヨタが想像を絶する巨大企業であることがはっきりと分かります。

自動車５社の比較

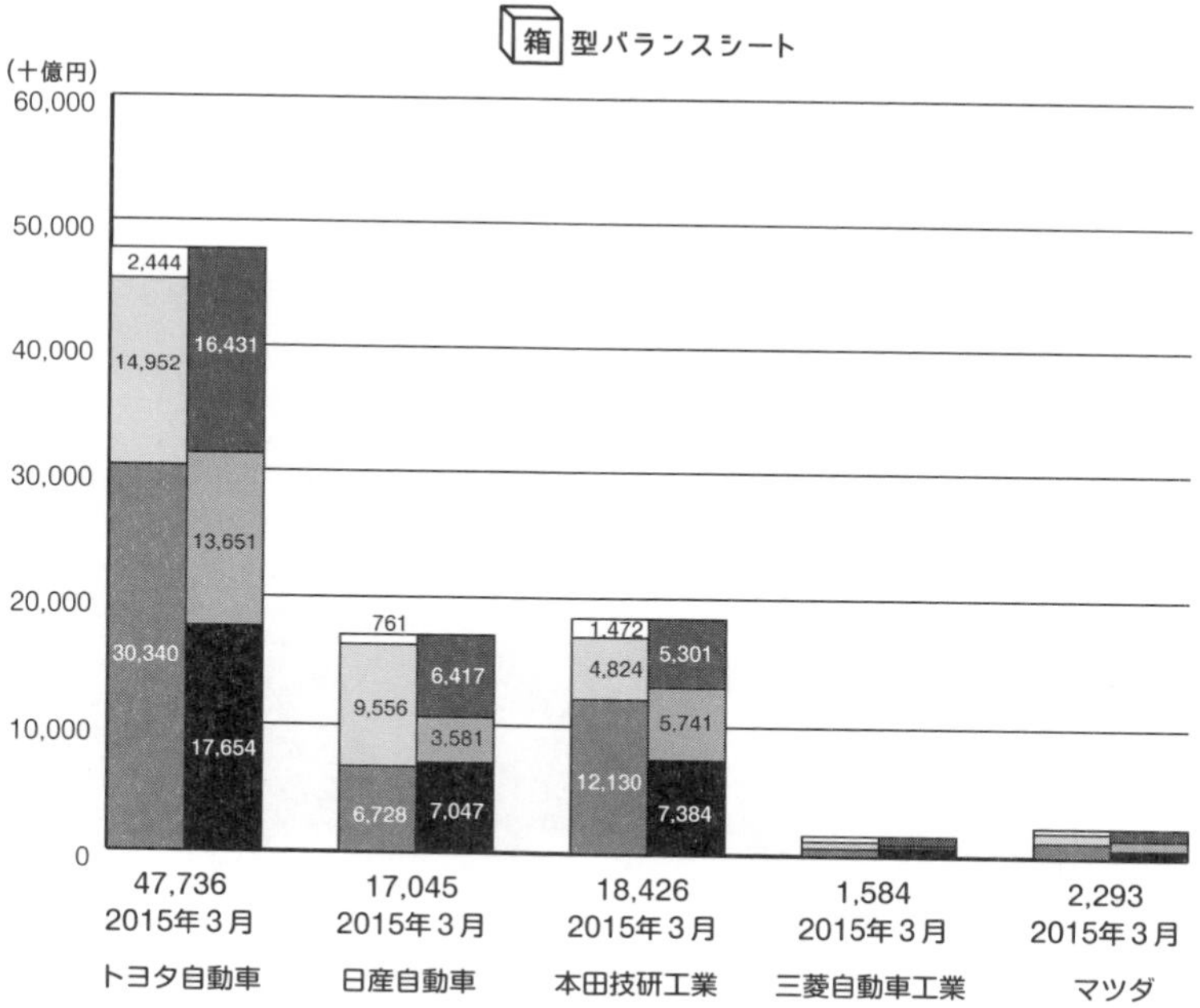

トヨタが大きすぎて比較できない

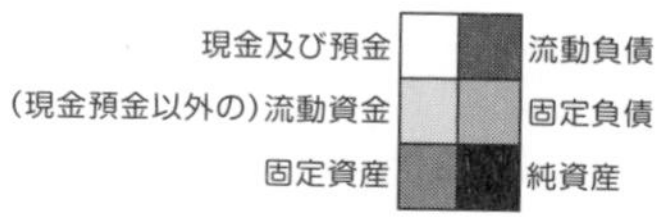

しかし、これでは大きさの比較はできても、貸借対照表のタイプの比較ができませんので、このような場合は百分比表示の箱型バランスシートで比較を行います。

百分比による箱型バランスシートは左ページのようになり、各社の貸借対照表のタイプは、先ほど見た「いすゞ自動車」も含めると以下のようになっています。

トヨタ自動車……自転車操業に近い安定経営
日産自動車……安定経営に近い成長経営
本田技研工業……自転車操業に近い安定経営
三菱自動車工業……安定経営に近い成長経営
マツダ……安定経営
いすゞ自動車……成長経営に近い安定経営

自動車5社の比較

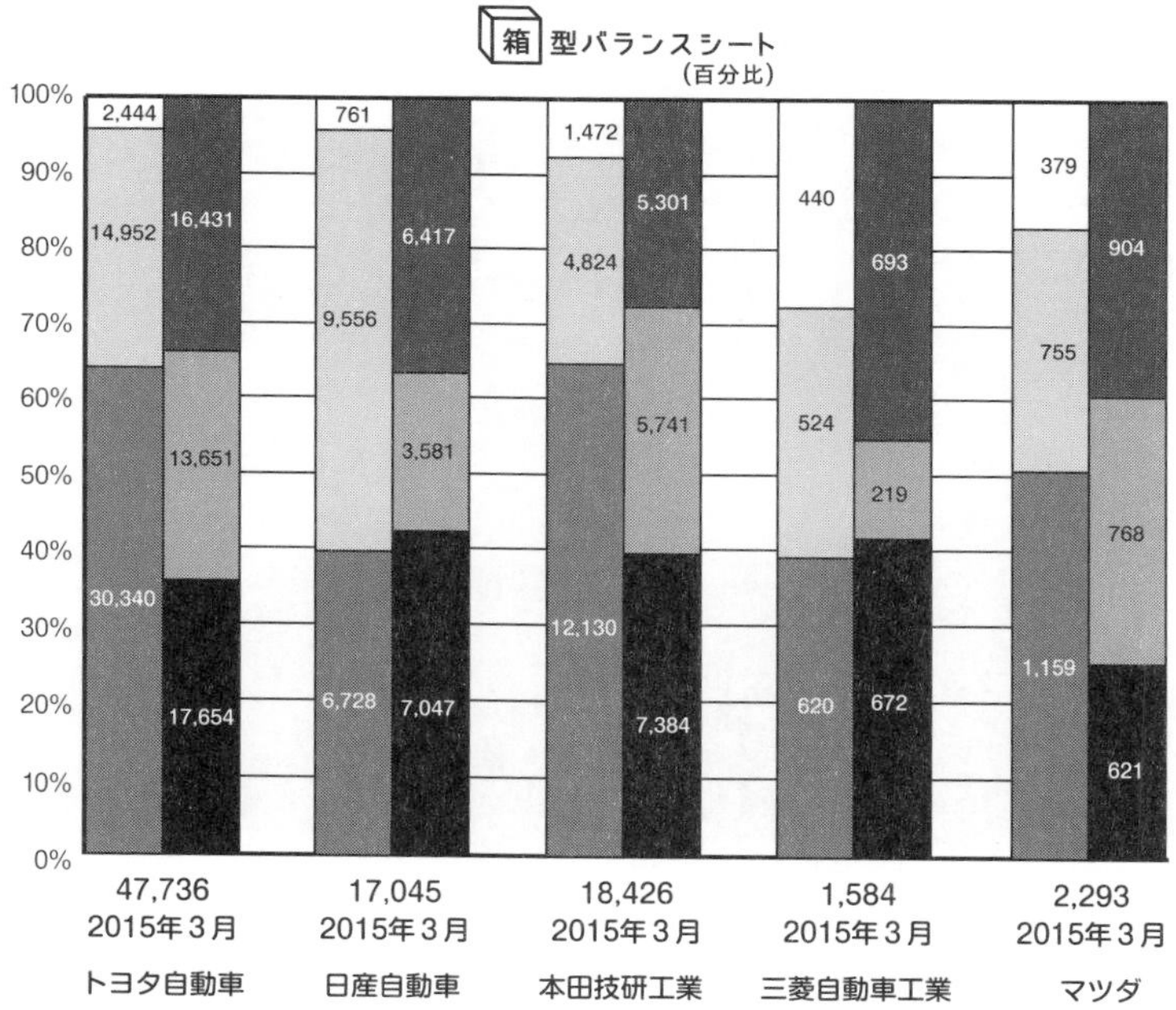

百分比なら比較可能

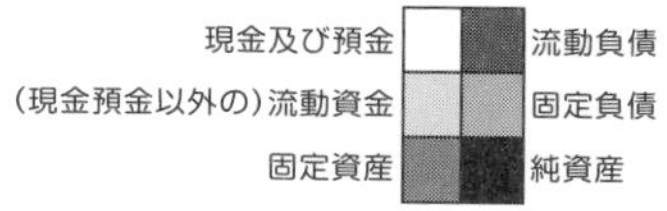

トヨタ、ホンダが**自転車操業**に近い**安定経営**というのはちょっと驚きですが、両者とも日本企業というよりも、国際的大企業というべき会社であることの反映かもしれません。

日本では、**成長経営**以上の企業が良い企業と考えられるのですが、実は欧米ではそうではありません。

欧米では、株主の圧力が強いため、資金を積極的に投資し、回収した資金はすぐにまた新たな投資に回して利益を極大化させている企業が優れた企業と考えられているのです。こうした企業は必然的に、現金預金を持たず、投資の割合が大きな**自転車操業**になってしまいます。

日産も国際的な大企業であるため、流動資産が負債合計より大きいものの、現金預金が少ない**成長経営**となっているのではないかと思われます。

現預金を持たず資金を投資し、回収し、さらなる投資に回す、これは相当高いレベルの財務管理体制が社内に築かれていなければできないことです。

箱型バランスシート上は、**安定経営**であっても、その管理レベルはＤＢＫ、ＫＫＤ、

ＧＮＮではあり得ないでしょう。欧米の株主はそのようなことは決して許さず、あくまでもデータと事実と論理を優先させます。

三菱自動車は成長経営ですが、現預金の金額が比較的大きく、安定経営のマツダも現預金の額が大きいものとなっています。この2社は日本的な経営管理体制を敷いているのでしょう。大企業であり、管理会計は行き届いていると思われますが、ＫＫＤ優先でＤＢＫな面もあるのではないでしょうか。

他社との比較で分かること

以上のように箱型バランスシートを他社と比較することによって、まず分かることはその会社との**規模の違い**です。

たとえば、総資産１０００億円の会社と１００億円の会社では規模がまったく違いますが、数値で見てもその違いの実感は湧きません。箱型バランスシートで見るとその差にびっくりしたり、苦笑いしてしまいますが、規模の違いが経営にどのような差異をもたらしているかを経営者の視点から考えることには意義があります。

あまりに規模が違う会社を比較する場合には、百分比の箱型バランスシートを使いましょう。

総資産1000億の自転車操業の会社と、総資産100億のお金持経営の会社はどちらが良いでしょうか？　ここまで読んできた皆さんなら当然わかるでしょうが、後者のほうが良い企業です。

他社比較をする場合は、もちろんバランスシートのタイプの違いを見て進化の度合いを比較します。比較他社が自社よりも進化の度合いが高かったら、その差は実際の活動のうえにどのように表れているかを明らかにしていきます。

次に純資産の大きさの違いを見ます。純資産が大きい会社のほうが企業としてのパワーが大きいことになります。自社の純資産の大きさは比較企業に比べて十分でしょうか？

十分でないとしたら、何が足りないでしょうか？

そこから資産構成を見ます。

製造業の場合など、同じようなものをつくっているのに資産構成が大きく異なっていることがあります。自社内ですべての製造を行っている会社の固定資産（設備）は大きくなり、外注を多く活用している会社の固定資産は小さくなります。それは原価率などにも影響を与えます。

比較他社と大きく異なっているところがあれば、それが何なのかを明らかにし、それが実際の活動にどのような差異をもたらしているかを確認していきます。

最後に負債を見て、会社の資金を自己資本（資本金と稼いだお金）で賄っているのか、他社からの借入金で賄っているのかを調べます。

自己資本は金利がかからないからすべてを自己資金で賄うのが最善だと考える方も多いかと思いますが、配当金などのコストが大きい場合は、それよりも低い金利の借入金のほうが有利な場合もあります。

このように箱型バランスシートの価値は、複雑なバランスシートを単純明快なものとして、その会社の経営を論じられるようにできることにあります。自社の時系列比較、他社との比較・ベンチマークにどんどん使ってください。

付録

自動作成ワークシート

数値を入力するだけでＯＫ！
エクセルで知りたい
会社の箱型バランスシートを作って、
６つのパターンに当てはめてみましょう。

箱型バランスシートを瞬時に自動作成

数値で表された貸借対照表を、手書きで箱型バランスシートに作り変えるのは効率が良くありません。6つのカテゴリーの金額を箱の高さに自分で換算して積上げなくてはならず、かなり手間がかかってしまいます。

そこで便利なのが、エクセルのグラフ機能です。最初の設定は少々面倒ですが、一度作ってしまえば、あとは6つの数字を入力するだけで、どんな貸借対照表も瞬時に箱型バランスシートへ作り変えてくれます。

次のアドレスにアクセスして、**箱型バランスシート作成**のボタンをクリックすれば、設定済みのエクセルファイルをPCにダウンロードできます。

http://special.asa21.com/special/hakogatabs/hakogatabs.xlsx

このエクセルファイルには、計３枚のシートがあります。

ファイルを開くと現れる１枚目は数値入力画面です。このシートにデータを入力すれば、その他のシートに自動的にグラフが作成されます。

２枚目は数値を表示した箱型バランスシートが作られるシートです。

３枚目は数値を百分比で示した箱型バランスシートが作られるシートです。

それでは、１枚目のシートに次のデータを入力していきましょう。

1 基本データ

会社名

会社名を入力して下さい。通常表の左上に書かれています。

事業年度

作成するバランスシートの事業年度を入力してください。
通常貸借対照表という表題の下に書かれています。

2 貸借対照表より入力

実際の貸借対照表から金額を確かめて入力して下さい。入力できるのは網掛けのしてあるセルだけです。それ以外のセルはロックがかかっていて入力できなくなっています。

❶現金及び預金

バランスシートの左側、流動資産の一番上にある「現金及び預金」の金額を入力して下さい。バランスシートの記載が、現金、当座預金、普通預金など分

箱型バランスシート作成ワークシート

箱型バランスシート作成ワークシート

基本データ

	2011	2012	2013	2014	2015
会社名を入力してください	いすゞ自動車	いすゞ自動車	いすゞ自動車	いすゞ自動車	いすゞ自動車
バランスシートの日付を入力してください	2011年3月	2012年3月	2013年3月	2014年3月	2015年3月
バランスシートより入力してください					
❶ 現金及び預金の金額を入力してください	155	199	160	184	23
❷ 流動資産合計の金額を入力してください	487	510	593	666	74
❸ 固定資産合計の金額を入力してください	622	602	619	674	77
❹ 資産合計の金額はこれで合っていますか？	1,109	1,112	1,212	1,340	1,52
❺ 流動負債の金額を入力してください	401	407	481	510	51
❻ 固定負債の金額を入力してください	353	317	252	209	24
❼ 負債合計の金額はこれで合っていますか	754	724	733	719	75
❽ 純資産の金額はこれで合っていますか	355	388	479	621	76
❾ 純資産・負債合計の金額はこれで合っていますか？	1,109	1,112	1,212	1,340	1,52

★入力した金額に誤りがないかを再度確認してください
★金額表示と百分比表示の箱型バランスシートが自動的に作られます

データ入力 | ボックスバランスシート（金額） | ボックスバランスシート（百分比）

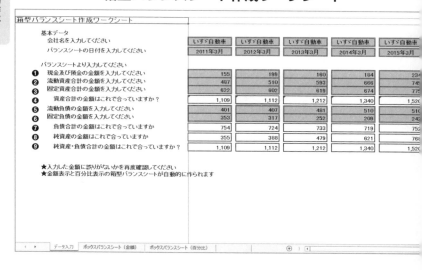

かれているときは、現金と預金のすべてを合計した金額を入力して下さい。

❷流動資産合計

バランスシートの左側にある「流動資産合計」の金額を入力して下さい。現金及び預金は流動資産ですから、流動資産合計から現金及び預金の金額はマイナスしなければならないのではないかと思うかもしれません。それはＥＸＣＥＬで自動的に「現金及び預金」「（現金及び預金以外の）流動資産」を区別して計算していますので、入力は「流動資産合計」をそのまま入力して下さい。

❸固定資産合計

バランスシート左側にあります「固定資産合計」の金額をそのまま入力して下さい。

ときどき、バランスシートの左側の最後に**「繰延資産」**という項目がある場合があります。そのときは、これを固定資産にプラスした金額を入力して下さい。

❹資産合計

ここはＥＸＣＥＬが自動的に計算しますので入力はしません。そのためこのセルにはロックがかかっていて入力できないようになっています。

このセルでは「流動資産合計」と「固定資産合計」が合計されて「資産合計」が計算されます。ここで計算された金額と、実際のバランスシートの「資産合計」とを比べて一致を確かめて下さい。

バランスシートでは、金額の表示単位が「円」単位ではなく、「千円」あるいは「百万円」となっている場合があります。その場合、表示金額が千円（百万円）未満切り捨てになっているときは、ＥＸＣＥＬで計算した合計金額とバランスシートの金額が一致しないことがあります。差異はたいてい小さい値なので、入力した項目のどれかの数字を調整して、資産合計を一致させてください。箱型バランスシートにはほとんど影響ありません。

❺流動負債合計

貸借対照表右側にある「流動負債合計」の金額をそのまま入力して下さい。

❻固定負債合計

バランスシート右側の「固定負債合計」の金額をそのまま入力して下さい。

❼負債合計

ここはＥＸＣＥＬが自動的に計算しますので入力はしません。

そのためこのセルにはロックがかかっていて入力できないようになっています。

このセルでは「流動負債合計」と「固定負債合計」が合計されて「負債合計」が計算されます。ここで計算された金額と、実際のバランスシートの「資産合計」とを比べて一致を確かめて下さい。

表示単位の切り捨ての問題は資産合計と同じです。

❽純資産合計

このセルもＥＸＣＥＬが自動的に計算しますので入力はしません。そのためこのセルにはロックがかかっていて入力できないようになっています。

このセルでは、資産合計マイナス負債合計を計算して純資産の金額を計算しています。純資産の重要性は説明しました。この金額もバランスシートと比較して一致していることを確かめて下さい。

❾純資産・負債合計

このセルもEXCELが自動的に計算しますので入力はしません。そのためこのセルにはロックがかかっていて入力できないようになっています。この金額もバランスシートと比較して一致していることを確かめて下さい。

以上を入力すると、それぞれのシートに箱型バランスシートが描かれます。

まずシート2枚目は、数値による箱型バランスシートです。縦軸の金額の最大値はＥＸＣＥＬによって自動で設定されます。それぞれの箱の色や大きさもＥＸＣＥＬが自動的に設定します。シートにロックがかかっていますので変更することはできません。

現金及び預金は流動資産に含まれて表されるものですが、ここでは「現金及び預金」として別に表しています。そのため、ここでの流動資産は現金及び預金を除いた金額となっています。

シート3枚目は、百分比による箱型バランスシートです。それぞれの箱の資産合計（＝純資産・負債合計）に対する割合が示されます。縦軸の金額の最大値は１００％に設定されています。それぞれの箱の色や大きさもＥＸＣＥＬが自動的に設定します。シートにロックがかかっていますので変更することはできません。

箱型バランスシート（金額表示・百分比）

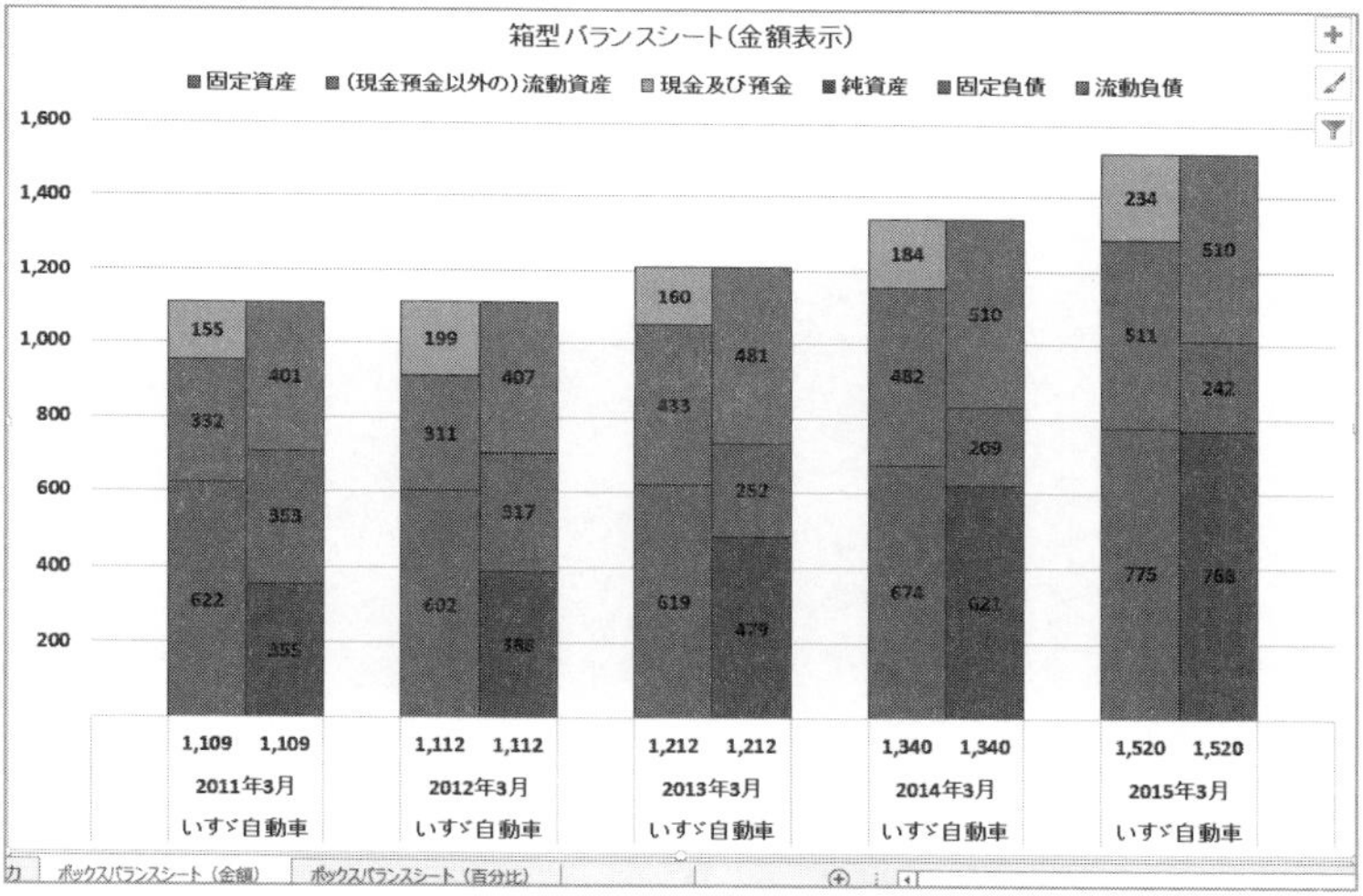

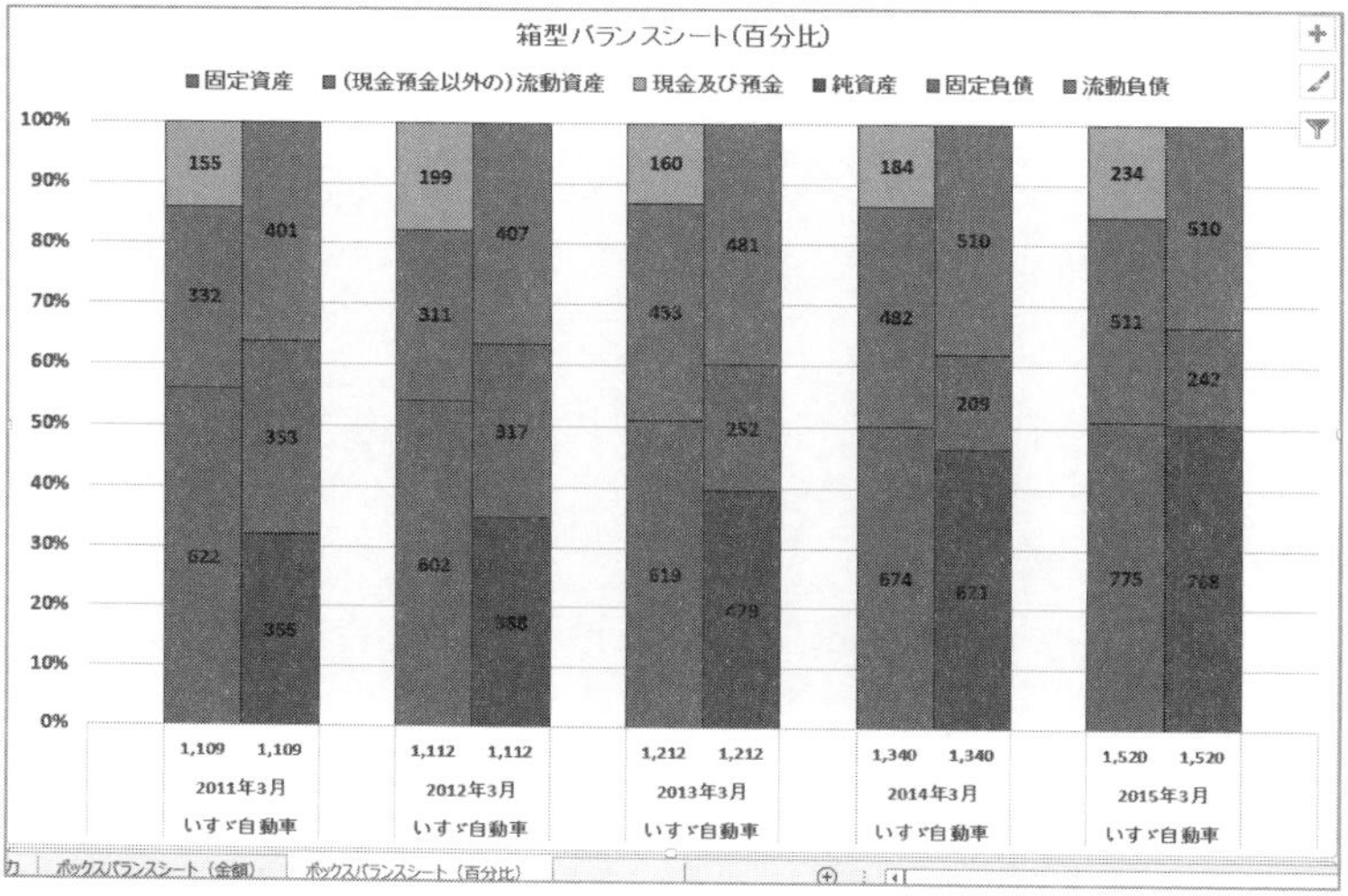

著者紹介

中村儀一（なかむら・ぎいち）

公認会計士・税理士。企業管理会計・組織開発コンサルタント。

1960年千葉県生まれ。明治大学商学部在学中に公認会計士試験に合格。

大手監査法人、外資系アカウンティングファーム、国内監査法人系・外資系コンサルティングファームにて30余年に渡って監査及びコンサルティング業務を行い、売上高1兆円を超える上場大企業から数億〜数千万円の中小・零細企業まで様々な業種・業態・規模の企業の経営と管理の実情に触れる経験を積む。

その中で、今後の日本企業は損益計算書中心の経営管理から、バランスシートとキャッシュフロー重視の経営管理に変えていく必要性を痛感。

その妨げとなっている、複雑になり過ぎた会計を、誰もが分かりやすく使いやすいものにするべく、「箱型バランスシート解読法」を考案し、講演・セミナーを行っている。著書に『会社の中身がまるごと見える！「会計力」のツボ』（青春出版社）がある。


会社《かいしゃ》の状態《じょうたい》がひとめでわかる！

バランスシートは箱型《はこがた》で読《よ》みなさい

〈検印省略〉

2021年 2月 16日 第 1 刷発行

著　者——中村 儀一（なかむら・ぎいち）
発行者——佐藤 和夫

発行所——株式会社あさ出版
〒171-0022 東京都豊島区南池袋 2-9-9 第一池袋ホワイトビル 6F
電　話 03 (3983) 3225（販売）
　　　 03 (3983) 3227（編集）
ＦＡＸ 03 (3983) 3226
ＵＲＬ http://www.asa21.com/
E-mail info@asa21.com
振　替 00160-1-720619

印刷・製本 (株) ベルツ

facebook http://www.facebook.com/asapublishing
twitter http://twitter.com/asapublishing

ISBN978-4-86667-272-4 C2034

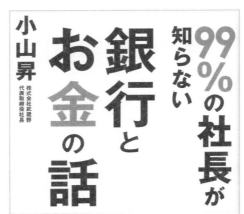